聖書が教える世界とわたしたち

GC伝道出版会

はじめに

教会の歴史の中で、その信仰を伝えるために、様々な教材が生み出されてきました。ハイデルベルク信仰問答やジュネーブ教会信仰問答はよく知られていますし、日本では雪ノ下カテキズムという優れた信仰問答が作られています。また、教会の基本信条のひとつであり、殆どの教会で唱和され、知られている、使徒信条にもとづいて信仰の基本を教えるという入門書の類も、よいものがいくつか出されています。

これらはみな、教会の信仰の内容を系統立てて説き明かしたものです。そこでは、ひとつひとつの信仰箇条が取り上げられて、その根拠となる聖書の箇所が示されます。信仰の内容に従って、聖書が配列されている、と言えるかも知れません。

わたしが以前から考えていたことは、そのように、信仰の内容によって聖書を配列するのではなくて、聖書の順序に従って、信仰の内容を配列することができないか、ということです。聖書は、神がわたしたちをお救いくださるために、この地上で起こされた救いの出来事の記録です。それを、ひとつひとつ追っていくことによって、救いの内容が明らかになるような書き方はできないものだろうか、と考えたのです。あるいはそういう試みはすでになされているのかも知れませんが、それを自分の手でやってみたいと思いました。そのような説き明かし方をすることによって、聖書全体の見通しがきくようになると思いますし、何よりも救いの出来事の歴史性というものがはっきりします。

わたしたちは、天地創造の出来事に始まって、ヨハネの黙示録が語るこの世の終わりに至る、神の救いの歴史の中に立っているのです。救われるということは、この歴史の中に入れられるということです。信仰箇条によって聖書を配列するやり方では、どうしても、この歴史性というものが犠牲になるように思うのです。

ここに書かれていることをお読みいただければおわかりになると思いますが、わたしは歴史と物語の間に、明確な区別をおいていません。あらゆる歴史は物語だと考えています。ですから、神の救いの歴史とは、神による救いの物語です。またわたしたち自身も、自分の人生や、自分自身を、ひとつの物語の中で理解していると思います。

自分の人生とは、自分を主人公としたひとつの物語です。その自分の物語が、神の大いなる救いの物語の中に位置づけられて、それまで主人公であった自分が、神の救いの物語の登場人物のひとりになること、そのようにして神に愛され、救われる者のひとりになること。わたしたちの救いとはそういうものだと、わたしは考えています。

ここに書かれていることが、これから信仰生活を始めようと思っておられる方々のために、またすでに信仰生活を続けながら、信仰の学びを深めたいと願っておられる方々のために、少しでも助けになることができれば、これにまさる幸いはありません。

聖書が教える世界とわたしたち《目次》

装丁・杉田　博
挿絵・藤本四郎

I　今この時代に、なぜ神を信じるか

はじめに取り上げておきたいことは、今この時代に、なぜ神を信じるか、ということです。今この時代に、というのは、長年にわたる科学の発達に伴って、これだけ人間の知識が増し、技術も進歩している時代に、という意味です。

このことを最初に取り上げるのは、わたしたちが信仰を持つ時に、その前に立ちはだかる大きな問題のひとつが、これであろうと思うからです。人間はその歴史を通して、この世界を理解する知識を深めてきました。これまでわからなかったことがわかるようになり、それと共に技術も進歩して、以前にはできなかったことが、次々にできるようになっています。そうやって、これまで手が届かなかったいろいろなことに、人間の手が届くようになりました。それは言ってみれば、これまで神の手に握られていたものを、ひとつひとつ人間が奪い取ってきた、ということです。人類の進歩というものを、そのように理解したときに、それは、人間が神の領域に踏み込み、それを人間のものとしてきた歴史であったと言えるでしょう。神は、次々と自分の領域を人間に奪われ、もはや存在の余地さえなくなっている、と考えている人たちも、少なくありません。そのような時代に、いったい神を信じるという生き方が可能なのか。今なお神を信じるとしたら、それはなぜか。そのことを、はじめに明らかにしておきたいと思うのです。

変わっていく生活と変わらない生活

確かに、科学の発達と、それに伴う技術の進歩は、わたしたちの生活を大きく変化させてきました。わたしたちが今仕事をしようとするとき、パソコンを使わないで仕事をすることは難しいほど、コンピュータが普及していますが、ほんの40数年前には、コンピュータというのは大きな機械で、専用の空調設備を備えた広い部屋にあるものでした。ノートパソコンなど想像もできませんでした。またその当時は、携帯電話などというものも、夢のまた夢でしたが、今やそれは手のひらに収まるコンピュータとも言えるスマートフォンとなって、単に話をするだけではなく、メールも送れるし写真も撮れる。ゲームもできるし、財布の代わりにもなる、という具合で、これがなければ生活ができない、という人もいると聞いています。それだけ技術の進歩は早く、わたしたちの生活を変えてきているのです。

そういう部分にだけ目をとめれば、確かにわたしたちの生活は急速に変化してきている、と言えるでしょうし、これからも変わっていくと言えると思います。でも、ちょっと目を転じて、それとは違う部分に目を向けて見ると、実はわたしたちの生活というのは、ほとんど何も変わっていないのだ、ということに気づくのです。たとえば、こういうことを考えてみるのです。

「江戸時代の夫婦と、今の夫婦と、どちらが幸せか。」

こういうことを考えてみることは、あまりないかも知れません。でもちょっと考えてみてください。そしたら、江戸時代の夫婦より、今の夫婦の方が絶対に幸せだ、とは言い切れない、ということに気づかれると思います。もちろん、昔と今とは社会のあり方が違いますから、それに伴って、夫婦の関係も違っていると思います。でも、幸せ、という基準でものを見た時には、ほとんど変化はない。夫婦関係とか、親子の関係というような面は、時代によって殆ど変化しません。ですから、たとえば「縄文時代と今の時代と、親子の関係はどちらがよいか」というような問いを考えて見ても、今の時代の方がずっとよいとは、言えないでしょう。確かに昔は今よりもずっと生きるのが大変だったと思いますが、その分家族が結束していたのではないでしょうか。今は、楽な分だけ、親子の関係が希薄になっているかも知れません。

　もうひとつ、こういうことを考えて見てください。科学の発達によって、わたしたちを苦しめてきたいろいろな病気が克服されてきました。伝染病の中には根絶されたものさえあります。でもそれでは、今話題になっている、いじめがなくなるのは、いつごろでしょうか。あるいは、犯罪がなくなる、戦争がなくなるのは、いつごろでしょうか。

　こういうことは、普段あまり考えないことだろうと思います。わたしたちは無意識のうちに、どれだけ科学が発達しても、いじめも犯罪も戦争もなくならないことを、知っているのです。却って、科学が発達したために、いじめはますます陰湿になっていますし、犯罪はますます巧妙に、戦争はますます悲惨なものになっています。でも、どうして科学が発達しても、いじめや犯罪や戦争がなくならないのでしょうか。それは、わたしたちの生活の中の、こういう人間的な部分については、科学は全く力を持たないからです。

最近、大きな病院で診察を受けた人ならお気づきと思いますが、最近のお医者さんは、患者の方を見ないで、横にあるパソコンの画面を見るようになりました。そこ

にわたしたちのデータが表示されるからです。血液検査や尿検査、その他の検査結果が、パソコンの画面に出てきます。お医者さんはそれをじっと見て、病気を判断し、薬を処方してくれます。その方が正確な診断ができますし、時間も短くて済みます。でも、患者であるわたしたちの痛みや不安、悩みというものを、受け止めるのは、ますます難しくなりました。

科学の発達は、人間のヒューマンな部分を捨てて、データ化できる部分だけをクローズアップします。何故なら、科学はそこにおいて力を発揮するものだからです。逆に言うと、人間のヒューマンな部分においては、科学はほとんど力をもたないのです。だからどれだけ科学が発達しても、いじめはなくならないし、犯罪も戦争もなくならないのです。そして、本当にわたしたちにとって大切な部分、わたしたちが幸せに生きられるかどうかを決める部分は、科学の力の及ばないヒューマンな部分なのです。

変わらない生活を支配するもの――罪

それでは、わたしたち人間の、そのヒューマンな部分を支配しているものは、何でしょうか。これは聖書が語っている言葉ですが、「愛、喜び、平和、寛容、親切、善意、誠実、柔和、節制」でしょうか。それとも、「敵意、争い、そねみ、怒り、利己心、不和、仲間争い、ねたみ」でしょうか。ヒューマンな部分、というのは、人間関係に表れます。わたしたちの周囲にある人間関係に表れているものは、どちらでしょうか。

わたしたちが素直に思うことは、もし最初に挙げられた「愛や喜び、平和、寛容」がわたしたちを支配していたら、この世はどんなに生きやすい世界になるだろうか、ということです。この世がそういう世界だったなら、誰もが幸せに生きられるでしょう。

でもわたしたちの現実を見れば、わたしたちの願いとは裏腹に、そこにあるのは「敵意や争い、そねみ、怒り」などです。それらのために、どれくらいわたしたちが苦労をし、悲しみを味わっているか、はかり知れません。もっとも親しい関係である、家庭の中においても、そういうものに悩まされることがあるのです。

わたしたちが、愛や喜び、平和、寛容に生きたいと願いながら、その通りに生きることができずに、かえってわたしたちが願わない、敵意や争い、そねみ、怒りなどに支配されて生きている状態を、罪と言います。罪というと、何か悪いことをしている、という意味に取られますが、そうではありません。

聖書の言う「罪」とは、「的はずれ」のことです。わたしたちの生き方が、的を外しているのです。だから望んだことが出来事にならず、望まない状態の中で生きることになっているのです。そして、神が、この罪からわたしたちを救ってくださる、というのが、聖書がわたしたちに語っているメッセージなのです。

II　聖書とは何か

聖書は歴史の書

わたしたちを罪から救ってくださる神のお働きを記しているのが、聖書です。聖書を初めて読んだ時に、そこに書かれてあることが、自分が予想していたことと違っていたので、驚いた方がおられるかも知れません。

わたしも聖書を読む前には、聖書には、神の存在を納得させてくれるような証拠や論理、あるいは、わたしたちの助けになる貴重な教えなどが書かれているのだろうと思っていました。そういう思いで初めて聖書（新約聖書）を読んで、驚いたのでした。

そこに書かれているのは、主イエスがこういうことをなさった、とか、こういうことを語られた、という、出来事の記録だったからです。そういうものを読んで、どうして神の存在が納得できるのかがわかりませんでしたし、自分の生活とどういう関わりがあるのかもわかりませんでした。それでずいぶんと失望したのを、よく覚えています。

もっと広く聖書を読んで見れば、そこにはもちろんわたしたちの助けになるような教えの言葉も多いですし、神がおられるかどうかということに関わるような議論をしている箇所もあります。でも、それが主流ではありません。聖書の主流は出来事の報告です。聖書は歴史の書なのです。

それは、わたしたちの神が、この地上で出来事を起こされる方であることを示しています。神はこの地上に出来事を起こして、ご自分の計画を実行され、ご自身がどのような方であるかを明らかになさる方なのです。聖書が歴史の書であるのは、そのためです。

聖書が伝える「事実」とは

聖書が歴史的な記録である、というときに、すぐに問題になるのは、それが事実かどうか、ということです。そして、聖書に書かれてあることが事実かどうか、と問われたら、それは事実です、とわたしたちは答えるのです。しかしその時に考えなければならないことは、この、「事実」とは何か、ということです。

およそこの世で起こる出来事をわたしたちが知る場合に、その殆どは、誰かの報告を通して知るのです。つまり、事実というのは、いつも報告された事実です。そして何かの出来事を報告するときに、わたしたちは、出来事と一緒にその意味することも伝えるのです。意味が不明な事実をただ並べても、何も伝わりません。ですからわたしたちは、ある出来事を報告するときに、その意味も一緒に伝えようとするのです。そのために、出来事の中から伝えるべきことと捨てるべきことを取捨選択し、強調すべきこととそうでないことを区別して伝えます。およそ事実というのは、そのようにして伝えられた事実なのです。

このことは、事実というものが、それを報告した人によって違ってくる、ということを意味しています。実際に、同じ出来事を伝えているふたつの新聞を読んで、あるいは、同じ事件を伝える別々なテレビ局のニュースを見て、その出来事について持つ印象が全く違う、ということを経験したことはないでしょうか。それはその報告者が、事実だけではなく、その意味も一緒に伝えようとしているからで、それによって、記事の内容も、テレビの映像も、編集されているからです。そして、そのように、出来事とその意味を一緒に伝えようとしたとき、それは物語になるのです。「事実」というものをそのように捕らえた時に、あらゆる歴史は、歴史物語である、と言っても間違いではありません。新聞が伝える出来事にしても、それはその記事を書いた人の伝えるひとつの物語です。そして報告した人が誰であるかによって、伝わる物語の内容が違うのです。

聖書に書かれてあることが事実である、というとき、「事実」の持つこの性質を忘れることはできません。つまり聖書に書かれてあることは、この地上で起こった出来事の中に、神の御心と、その御業を見いだした者の報告なのだ、ということです。

たとえば新約聖書の福音書は、ナザレのイエスという方の中に、この地上を生きられた神の子のお姿を見いだした者が報告した出来事の記録です。しかし、主イエスの周りにいた人間が、みなそう信じたわけではありません。信じなかった人が報告すれば、また別な報告があり得たと思います。しかし、福音書はそういうものとは違います。それは、ナザレのイエスという方の中に、全能の神のひとり子を見いだした者の報告なのです。

ルカによる福音書の冒頭の言葉は、このことを、明確に示しています。

「わたしたちの間で実現した事柄について、最初から目撃して御言葉のために働いた人々がわたしたちに伝えたとおりに、物語を書き連ねようと、多くの人々が既に手を着けています。そこで、敬愛するテオフィロさま、わたしもすべての事を初めから詳しく調べていますので、順序正しく書いてあなたに献呈するのがよいと思いました。お受けになった教えが確実なものであることを、よく分かっていただきたいのであります。」

ここで明らかになっていることは、福音書というものが、自分たちの間で実現した事柄についての報告であること、その報告者は、それを目撃して、御言葉のために働いた人であること、すなわち、出来事の中に、この地上で働かれる神のお働きを見出し、そのお働きの中に自分の人生を注ぎ込んだ人間であること、そしてその神のお働きを伝えるために、出来事の報告を、物語として書いたのだ、ということです。そのような物語のひとつを、自分も福音書として書いたのであって、それは、これまで教会の中で教えられてきたことが確実なことであることを示すという、明確な意図と目的を持っているのだ、とルカは言っているのです。

聖書は信仰を持って読む

このことが、聖書を読む、その読み方を決めるのです。聖書も一般の文書と同じ、古代の文書のひとつですから、いろいろな読み方があり得るし、実際そのように読まれていますが、最も自然にそれを読もうと思えば、それを書いた人が伝えようとしていることを、自分も受け止めようと思って読む、ということになります。

つまり、信仰を持って読む、ということです。そのとき、わたしたちは、聖書が伝えようとしている豊かな内容を、あますところなく読み取ることができるのです。

最近は、読む者が、聖書の中に自分の考えを読み込もうとしたり、聖書が言おうとしていないことを無理に引き出したりしようとする読み方が横行していますが、そのようなことをすると、どこかを無視したり、どこかを変に強調したりというふうに、不自然な読み方になります。わたしたちはそういう読み方をしません。書いた人が伝えたいことを、素直に受け止めようとして、聖書を読むのです。それがいちばん自然なことです。

このことから、聖書が、教会によって編集されている、ということも、またよく理解できると思います。聖書は、旧約聖書が39巻、新約聖書が27巻の文書から成っています。それは、教会が定めたものです。例えば、新約聖書は、マタイによる福音書、マルコによる福音書、ルカによる福音書、ヨハネによる福音書の、4つの福音書を含んでいますが、主イエスの出来事を伝えた文書は、他にもあるのです。

最近話題になったものでは「ユダの福音書」というものがあります。しかし、この文書は聖書には含まれませんでした。それが伝える物語が、他の福音書のそれと違うものだからです。福音書は、主イエスの中に神のひとり子の姿を見いだした者が伝える物語です。そうでないものは、福音書ではありません。

聖書が伝える神のお姿

それでは、聖書はどのような神をわたしたちに伝えているでしょうか。それは、わたしたちを罪から救ってくださる神です。そのために神はイスラエルを神の民として召し出され、その中からひとり子主イエスを生まれさせ、主イエスを信じる者の群れである教会を、新たな神の民として召してくださいました。

聖書が伝えるこれらの一連の出来事は、わたしたち人間を罪から救うための神のわざです。神は、わたしたちにとって、救いの神であり、救いの神としてご自身を示しておられる方なのです。このことは、神にそれ以外のご性質がない、ということではありません。わたしたちにはわからない神のご性質があるかも知れません。でも神はご自身を、救いの神としてのみ、わたしたちに示しておられるのです。

このことは、わたしたちが自分の生活の中で神の御業を見分けるときの指針になります。わたしたちは自己中心でわがままな存在ですから、自分の希望がかなったり、自分に都合よく事が運んだりすると、それを神が共におられるしるしだと思いこんでしまうことがあります。

逆に、病気になったり、不幸な出来事が続いたりすると、神が共にいてくださらないのだろうか、と不安になります。そういう時に、わたしたちの神は救いの神であり、わたしを罪から救い出してくださる方であることを思い起こすと、そういう目先のことに振り回されなくて済みます。

もちろんわたしたちが日常で経験する出来事が、神が起こされた出来事だということもあり得ます。でもそれならば、それは、わたしたちを罪から救い出すという方向を向いているはずです。その方向で起こっている出来事ならば、神が起こされた出来事だと、確信してよいと思います。

聖霊の導きによって

ところで、そのように聖書を通して出来事を報告している人が、自分の見た出来事の中に、生きておられる神のお姿を見いだした、ということは、その人を神の霊が導いてくださった、ということです。

霊の導きと言うと、幻を見るとか、何かこの世離れした不思議な体験を考えますが、そうではありません。しっかりとした頭で、理性的な眼差しでこの世の出来事を見ながら、しかしそこに確かに神のお姿を見いだす、ということがあります。何故なら、わたしたちの神はこの歴史の中で働かれる方であって、この世の出来事に中に神を見いだすことは、当然のことだからです。

聖書に書かれてある出来事が、霊の導きを受けた人が報告したものだとすれば、聖書それ自体が、霊の導きを受けて書かれたものだ、ということができます。

同時に、そのような文書を、自らの信仰に基づいて取捨選択し、聖書を編纂した教会にも、霊の導きがあったということができます。聖書を信じる、ということは、それを生み出した教会を信じる、ということとつながります。教会が代々告白してきた信仰を、自分も一緒に告白する者が、聖書を正しく読むことができるのです。

教会は、聖霊の導きを受けつつ、旧新約聖書66巻を、聖書として定めてきました。聖書はこれで完結したものです。例えば今後、主イエスの働きを記した新しい文書が発見されるかも知れませんが、そういうものが今ある聖書に付け加わるということはありません。今ある聖書で、わたしたちの救いに関わることは、必要かつ十分なことが語られているからです。

聖書は生活の規範

聖書を通して、わたしたちに神のお姿が示されたときに、それは当然のこととして、わたしたちの生き方を決定します。神の御心と御言葉とは、わたしたちの生活のあり方を決めるのです。

「心を尽くし、精神を尽くし、思いを尽くして、あなたの神である主を愛しなさい。隣人を自分のように愛しなさい」という言葉が示されたときに、わたしたちはそのように自分の生き方を整えていきます。

「誰に対しても悪に悪を返さず、すべての人の前で善を行うように心がけなさい」と言われたら、そのように生きるのです。このようにして、聖書はわたしたちの生活の規範になります。

このことは、わたしたちの生活の別な分野、例えば、自然科学が力を持つような分野においてまで、聖書が規範になる、という意味ではありません。

自然科学が働く分野と、わたしたちの救いに関わる分野とは別です。もちろんわたしたちの神は、天地の造り主、全宇宙の支配者でいます方ですから、自然科学の領域においても、主であられます。しかし、聖書が集中的に語っていることは、わたしたちの救いに関わることであって、それ以外のことではありません。そのことを、忘れることはできません。

この点については教会によって考え方の違いがありますから、一概に言うことはで

きませんが、わたしは、自然科学の領域に属することに、聖書を振りかざしてものを言うことは、控えた方がよいと考えています。特に、宇宙の生成に関することや、生物の進化に関することなどで、そういう議論がなされることがあります。

でも、そういう分野も、優秀な学者たちが誠実に研究しているのですから、そこで明らかになることは、一時的に間違っていることはあったとしても、いずれ正しい考えにたどり着くと思います。その考えは、自然科学的な手法で見いだすべきもので、それ以外のものから来るものではありません。

聖書は、神とわたしたちの救いについて語っているのです。そのことを、大切にすべきだと思います。

聖書は神の言葉

聖書がわたしたちの生活の規範になるのは、そこから、わたしたちが、今の自分に示された神の御心を聴き取るからです。聖書は、歴史的な文書ですが、過去のものではありません。わたしたちは、そこから、今も生きておられる神の御言葉を聞き取るのです。聖書は、わたしたちにとって神の言葉なのです。

それは、聖霊のお働きによることです。過去の文書である聖書の言葉を通して、今生きておられる神の御言葉を聴き取る、というのは、聖霊のお働きがなければ、出来事にはなりません。

それが出来事になるのは、第一に礼拝説教です。説教者が聖霊の導きを受けながら、聖書に基づいた説教をするとき、それは、今ここでわたしたちに語られる神の言葉です。もちろんそれは、聖書を説き明かす言葉でなければなりません。聖書から離れて自分の思いや考えを語っても、それは神の言葉にはなりません。何故なら、説教者も、語るに先立って、神の御言葉を聴かなければ、説教はできないからです。聖霊の導きを祈りつつ、誠実に聖書の言葉に向かい、そこから神の言葉を聴いて、それを語るのが説教です。ですから、説教者は最初の御言葉の聴き手なのです。

そのように、神の言葉を聴くために、神を礼拝し、説教を聴くことは、信仰生活にとって決定的に重要です。説教において語られる神の言葉によって、わたしたちは、罪の赦しを受け、慰めと励まし、そして戒めを与えられるのですから、説教を聴かないで、正しく信仰生活をすることはできません。

ですからわたしたちは、あらゆる努力を払って、礼拝に集い、説教を聴かなければならないのです。

同時に、そのように、正しく信仰生活をしている中で、わたしたちがひとりで聖書の言葉を読むときにも、聖霊が働いてくださって、そこから神の言葉を聴くことがあります。それは幸いな体験です。このためにも、わたしたちは、自分で聖書を読むことを大切にするのです。

さて、それでは一体聖書はわたしたちに、何を語っているのでしょうか。それが次にお話しすることです。

●この本で引用された聖書は「聖書 新共同訳」（日本聖書協会）によります。
また、本文で解説のあった聖書箇所を含む書は左記の太字で表しました。

〈旧約聖書〉

創世記
出エジプト記
レビ記
民数記
申命記
ヨシュア記
士師記
ルツ記
サムエル記上
サムエル記下
列王記上
列王記下
歴代志上
歴代志下
エズラ記
ネヘミヤ記
エステル記
ヨブ記
詩編
箴言
コヘレトの言葉
雅歌
イザヤ書
エレミヤ書
哀歌
エゼキエル書
ダニエル書
ホセア書
ヨエル書
アモス書
オバデヤ書
ヨナ書
ミカ書
ナホム書
ハバクク書
ゼファニヤ書
ハガイ書
ゼカリヤ書
マラキ書

〈新約聖書〉

マタイによる福音書
マルコによる福音書
ルカによる福音書
ヨハネによる福音書
使徒言行録
ローマの信徒への手紙
コリントの信徒への手紙一
コリントの信徒への手紙二
ガラテヤの信徒への手紙
エフェソの信徒への手紙
フィリピの信徒への手紙
コロサイの信徒への手紙
テサロニケの信徒への手紙一
テサロニケの信徒への手紙二
テモテへの手紙一
テモテへの手紙二
テトスへの手紙
フィレモンへの手紙
ヘブライ人への手紙
ヤコブの手紙
ペトロの手紙一
ペトロの手紙二
ヨハネの手紙一
ヨハネの手紙二
ヨハネの手紙三
ユダの手紙
ヨハネの黙示録

III　聖書が語る救いの出来事

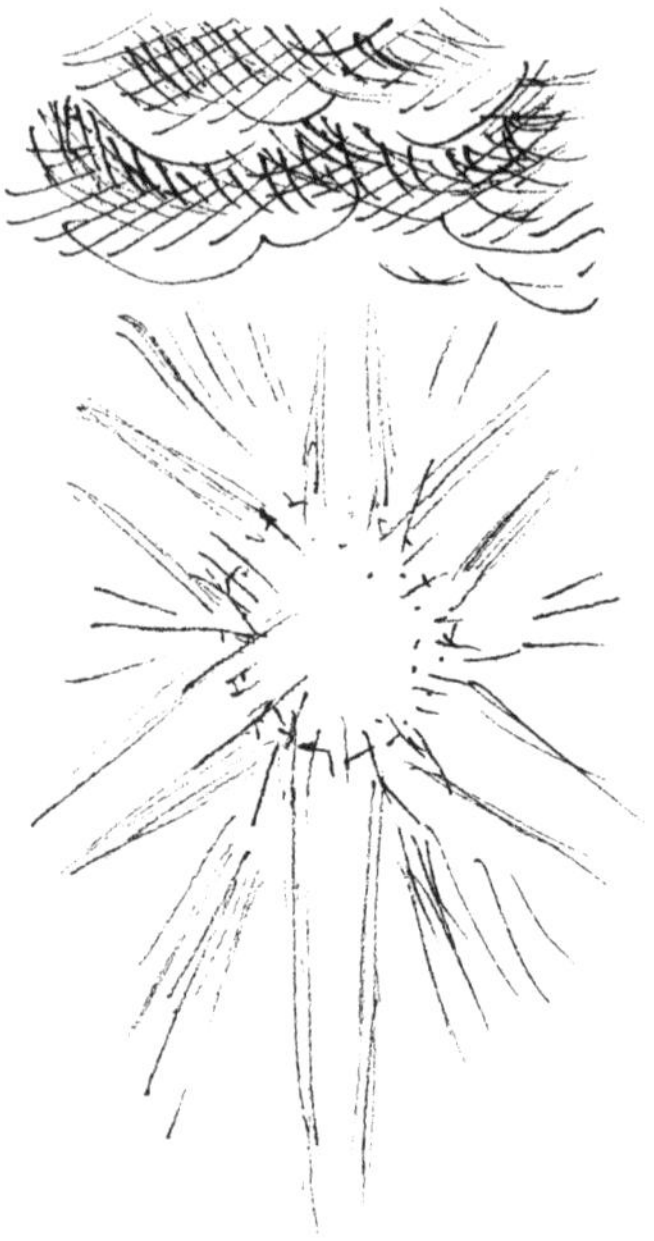

聖書は、旧約聖書と新約聖書に分けられます。新約聖書に書いてあることは、イエス・キリストの出来事と教会の歴史です。旧約聖書に書いてあることは、イエス・キリスト以前の、イスラエルの歴史です。イスラエルも教会も神の民ですから、旧約聖書は、キリスト以前の神の民の歴史、新約聖書は、キリスト以後の神の民の歴史、ということができます。

ここで特に注意すべきことですが、旧約聖書の初めの部分、創世記の第1章から第11章までは、聖書全体のプロローグで、これは歴史的な出来事というよりは、物語です。物語というと、作り話と考えて、軽んじることがありますが、物語でしか表せないことがあるから、物語の形をとっているので、この部分はとても重要です。この世界とは何なのか、人間とはどういう存在なのか、人間の問題、世界の問題の根源はどこにあるのか。そういうことを取り上げているのが、この部分です。ここをしっかり理解しておくと、聖書全体の見通しがつくようになります。そういう意味で大事な部分です。

初めの世界

(1) 天地は神が造られた

「初めに、神は天地を創造された。」

（創世記第１章１節）

聖書が最初に語るのは、初めに神が天地を造られた、ということです。この場合に、初めに、というのは、ものごとの順序を表すというよりは、物事の根源を表す言葉です。神が天地をお造りになった。そこからすべてが始まった、ということです。もし神が天地をお造りにならなかったら、何事も始まらなかった。ですから神が天地を造ろうとお思いになったことが、どんなに大きなことかがわかります。

†言葉による創造

でも、どうして神は天地を造られたのでしょうか。新約聖書のヨハネによる福音書の初めに、次のような言葉があります。

「初めに言があった。」

（ヨハネによる福音書第１章１節）

これは、創世記の初めの部分に対応する言葉です。創世記が、初めに神が天地を創造された、と語るとき、その時そこにあったのは言葉だ、とヨハネによる福音書は言うのです。言葉が天地創造を引き起こしたのだ、と。

この言葉、というのはギリシャ語でロゴス

という言葉です。ロゴスは英語のロジック（論理）のもとになっている言葉で、言葉の論理的な面を表す、とされています。このことから、この天地は、神がきちんとした一定の秩序のもとに造られたものだ、という意味を読み取ることができます。この世は、わけのわからないものが支配しているのではない。ある一定の秩序があり、論理があって、動いているものだ、ということです。

フランシス・シェーファーという人の書いた「それではいかに生きるべきか」という本を読みますと、そこには、自然科学がヨーロッパで始まったのは、聖書の信仰があったからだ、と書かれています。例えば、星の観察というのは、世界のいろいろなところで行われていたけれども、それが天文学という形で体系化されたのは、ヨーロッパにおいてです。星の研究では、ヨーロッパよりもずっと進んでいた他の地域をさしおいて、ヨーロッパで天文学が生まれたのは、星もまた神に造られたものであり、しかも理性的な神が造られたのであるから、必ず一定の法則のもとに動いているとはずだという信仰が、人々の間にあったからだというのです。逆に他の地域では、天文学が星占いにとどまってしまった。それは、星には不思議な力があって、それが地上の出来事を支配していると思っていたからです。このように考えている限り、科学的に星を研究しようとは思わない。だから文化的には遅れていたヨーロッパで、自然科学が生まれた、というのです。

しかしながらもうひとつ、言葉には、単に論理を表すというだけでなく、相手に語りかける、という面があることを忘れることはできません。語る者と聞く者がいて、初めて言葉は意味を持ちます。天地創造を引き起こしたものが言葉であった、という時、それは、語りかけ、それを受け止める、という関係を神がお求めになった、ということを意味しているのです。

わたしたちの神は、理性的な存在であると同時に、対話的な存在であられます。共に生きようとされる方なのです。だから神は、ご自分と共に生きる者と、彼らが生きる世界を造り出してしまわれました。それが天地創造なのです。

†極めてよかった

神がこの天地を創造された、という時、もうひとつ大切なことがあります。それは、創造の業のたびごとに、「神はこれを見て、良しとされた」という言葉が繰り返されることです。そして、創造の業の最後には「見よ、それは極めて良かった」（創世記第1章31節）という言葉が語られます。

この世界にあるものは、すべて良いものとして造られた、ということです。神がお造りになられたものですから、当然のことです。ひとつひとつ、心を込めて、良いものとして、神はこの天地とその中にあるものを造られました。そしてその中には、このわたし自身も入っているのです。このわたしもまた、極めて良いものとして造られているのです。

でも、わたしたちはこのことを素直に受け入れることが難しいです。自分のことを考えて見ても、欠点や短所がすぐに目につきますし、そういうことから、自分がいやになったり、嫌いになることも、少なくありません。

他の人や、この世界にある他のものも同じで、決してよいものばかりではない。わたしたちに危害を加えたり、脅威になるものもあります。だから、すなおにこの創世記の記述を受け入れることができないのです。

ですから、ここでこの自分を含めてすべてが、良いものとして造られた、ということは、信仰をもって受け止めるべきことなのです。これは聖書が語ることのすべてについて言えることですが、信じるということを抜きにしては、何一つ理解することはできません。先に述べたように、わたしたちは、聖書を信じ、教会を信じるという立場に立って、聖書を読むのです。そこに立った時にのみ、神について、救いについて、正しく知ることができるからです。

それでは、何の根拠もなしに、わたしたちは、この世界が良いものとして造られた、ということを信じるのでしょうか。そうではありません。わたしたちが良く造られていることを示す出来事があります。それはイエス・キリストの十字架です。

主イエスが、わたしたちを滅びから救うために、ご自分の命を投げ出されました。これは神が起こされた出来事です。神のひとり子が、滅びの中に落ちるという、あってはならない出来事を起こしてまで、神がわたしたちを救おうとなさったのは、それだけの価値を、すなわち良さを、神がわたしたちの中に見いだしておられるからです。この自分が良いものだとは到底思えないわたしたちは、このキリストの姿を見て、初めて、間接的に、自分の良さを知るのです。

ですから、創世記が語ることを、わたしたちが受け入れられるのは、キリストの十字架があるからなのです。これは創世記が語ることだけではありません。聖書が語ることはすべて、キリストの十字架によって支えられて、真実のものとなるのです。

⑵ 混沌の中の光

地は混沌であって、闇が深淵の面にあり、神の霊が水の面を動いていた。神は言われた。「光あれ。」こうして、光があった。

（創世記第１章２〜３節）

天地創造の業は、混沌の中に光を創り出すことから始まります。混沌というのは、どちらが上で、どちらが下かわからない状態、どちらが右でどちらが左かもわからない状態、何が正しくて何が間違っているかもわからない状態です。このような世界は、闇に包まれます。人が人として守るべき生き方を捨てて、欲望のままに生き始める時、正義が守られず、力ずくの支配が行われる時、この世は闇になります。このことは、裏返せば、人が人として踏むべき道を守り、正しいことが正しいこととされる世界は、光が支配する世界になる、ということです。

神の創造の業において、最初に造られたものは、光です。この光は、あたりが暗いからちょっと明るくしましょう、といって灯される光ではありません。この世界が秩序あるものとされ、正しいことと間違っていることが峻別されることによって輝き出す光です。それは、希望の光、愛の光です。創造の初めにこの光が造り出されたことは、意味が深いです。このことは、この世界の根底には、光があることを示しています。すなわち、この世界には真実というものがあるのです。それは、不真実と厳格に区別されるのです。

同じように、この世界には正義というものがあって、それは不義と明確に区別されるのです。ですから、わたしたちは、この世界において、どう生きようとも同じなのではなく、真実な生き方と不真実な生き方があり、正しい生き方と間違った生き方があるのです。これは社会のあり方や、歴史的な状況によって、相対化されるものではありません。真実はどこまでも真実ですし、不真実はどう言い訳をしようと不真実です。

この区別は、光と闇とが決して交わらないように、曖昧にされることはありません。ここが曖昧になるとき、世界は混沌が支配する世界になり、闇に包まれてしまうのです。

(3) 生命を愛される神

神は言われた。「地は草を芽生えさせよ。種を持つ草と、それぞれの種を持つ実をつける果樹を、地に芽生えさせよ。」そのようになった。地は草を芽生えさせ、それぞれの種を持つ草と、それぞれの種を持つ実をつける木を芽生えさせた。……神は言われた。「天の大空に光る物があって、昼と夜を分け、季節のしるし、日や年のしるしとなれ。天の大空に光る物があって、地を照らせ。」そのようになった。

（創世記第１章11～15節）

神の創造の御業の第一の目的は、この地上に生命を創り出すことです。その初めのものが、草木です。地上に草木が芽を出して後に、神は天に光る物、すなわち太陽と月を造られたのです。それはこの二つによって、季節のしるしが生まれると同時に、それによって地が照らされるためです。昼を治める太陽の光が地を照らすことによって、草木は成長します。つまり、神は草木を初めに造り、それを守り育てるために、太陽を造られたのです。このことは、神がどれほど深く、この地上に造り出された生命を愛しておられるかを示しています。そしてこの生命は、草木の次に、水の中の生き物、空の鳥、地上の生き物というふうに広がっていき、最後に、人間が造り出されるのです。

神が生命を愛される、この愛を、わたしたちも幾分か、自分のこととして体験することができます。わたしは幼稚園の子供たちにこの天地創造の話をするときに、ときどき、生命が造られる前の、赤茶けた大地の様子を話し、子供たちに、みんなだったら、ここに何を造るか、と訊いて見ることがあります。そうすると、殆どの子供たちが、お花を咲かせる、と答えます。それに対してわたしは、「そうだね。神さまもみんなと同じことをお考えになったんだよ」と話します。

こういうことは、たわいのない話のようですが、決してそうではありません。生きている物のいない死んだ世界というものに、わたしたちは耐えられません。だから、赤茶けた大地を見れば、緑で覆いたいと思い、何もいない静寂の海を、魚で満たしたいと思うのです。それは、わたしたちの中にも、生命を愛し、いとおしむ思いが与えられているからです。そのことは、わたしたちが神の形に造られている、ということ

と無関係ではないと、わたしは思っています。

生きているものはすべて、それぞれに命の輝きを持っています。それは、思いがけなさ、という形で、わたしたちに示されます。生きているものがわたしたちに感動を与えるのは、それが、どんなに小さなものであっても、わたしたちにとって、思いがけない面を持っているからです。動物記や昆虫記などを、わたしたちが胸をわくわくさせながら、引き込まれて読むのは、生き物が持っている、この思いがけなさと出会うからです。ロボット犬がどんなに精巧にできていても、本物の犬にかなわないのは、この思いがけなさがないからです。

思いがけなさを持つ、ということとは、自由を主張する、ということです。生命はそれぞれに、自由を主張します。命の輝きというものは、この自由さから生まれるものです。だから自由さを失った存在に、わたしたちは魅力を感じません。

わたしたちは、自分の言いなりになる存在を便利なものだと思いますが、決してそういう存在を尊敬したり、それに魅力を感じたりすることはありません。人の言いなりになる人間は、つまらない人間として、遠からず誰からも相手にされなくなるものです。そこに命の輝きがないからです。

だいぶ前に「生きているって、言ってみろ」という歌を作った人がいました。これは、日常生活の中で、知らず知らずに自分を失ってしまい、周囲の人々に流されて生きているわたしたちの、目を覚まさせるような言葉です。これに答えて「わたしは生きているんだ」と言ったとしたら、それは、誰のものでもない、このわたしに固有な自由を主張している、ということです。

神が生命を愛された、ということは、この自由さを愛された、ということです。それ故に、神は奴隷を好まれません。人が奴隷となって生きていることを好まれない。だから、エジプトで奴隷であったイスラエルを、そこから解放し、さらに、罪の奴隷となって生きているわたしたちを、そこから解放しようとされるのです。

(4) 神の形に造られた人間

神は言われた。「我々にかたどり、我々に似せて、人を造ろう。そして海の魚、空の鳥、家畜、地の獣、地を這うものすべてを支配させよう。」神は御自分にかたどって人を創造された。神にかたどって創造された。男と女に創造された。

（創世記第1章26～27節）

主なる神は、土（アダマ）の塵で人（アダム）を形づくり、その鼻に命の息を吹き入れられた。人はこうして生きる者となった。

（創世記第2章7節）

主なる神は言われた。「人が独りでいるのは良くない。彼に合う助ける者を造ろう。」……そして、人から抜き取ったあばら骨で女を造り上げられた。

（創世記第2章18～22節）

神の創造の業の最後に、いわばその最終目的として造られたのが、人間です。この人間を、神はご自分にかたどって造られました。このことは、わたしたち人間について、いくつかのことを教えています。

†動物とは違う存在として

人間が神の形に造られたというとき、神もまたわたしたちのように、目がふたつあって、耳がふたつある、というような意味でないことは明らかです。これはわたしたち人間の本質を言っているのです。それは、まず第一に、わたしたち人間は、特別に造られたものであって、他の被造物、特に他の動物とは決定的に違うものだ、ということです。

最近は、生物進化の原理が広く受け入れられて、人間もその過程の中にあるものであるということが、当然のことと思われるようになりました。

わたしたちも、この地上に存在するものとして、科学的な研究の対象になるものであって、その限りにおいて、科学的な原理を受け入れるものですが、しかし、人間の本質という問題は、科学とは別な領域に属するものであることを、忘れることはできません。生物進化の原理は、人間と動物の間が、連続的なものだと主張しますが、聖書は本質的な部分において、人間と動物の間には、決定的な違いがあるのだ、と言うのです。これは、どちらが本当か、といって比較をするような問題ではありません。

例えば、生物進化の原理において、人間と動物が連続的な存在だとされるからと言って、人間も動物と同じように行動していればいい、ということにはなりません。人間には、人間らしい行動というものがあります。その、人間らしい行動とは何か、ということは、生物進化の原理は教えてくれないのです。それは、人間の本質論から出てくるものです。

このことは、生物進化の原理が、人間の行動規範にはならないことを示します。その一例ですが、進化の原理が提唱されたとき、すぐに出てきた考えは、人間も動物と同じように、適者生存の原理によって支配されるべきだ、という考えです。つまり、生存に適さない人間は滅びるべきだ、ということです。

こういう原理を人間に適用すると、恐ろしいことが起こります。民族の間でも、生き残るべき民族とそうでない民族が分けられたり、あるいは個人の間でも、生存に適する者とそうでない者を区別したりすれば、それは人間社会全体を破壊します。かつてドイツを支配したヒットラーが、ユダヤ人を抹殺しようとしたり、体に障害を持つ人々をこの世から排除しようとしたのは、この適者生存の原理を人間に適用しようとしたためだと言われています。それがどれくらい多くの悲惨な出来事を引き起こしたか、忘れることはできません。

わたしたちは科学的な原理を尊重するものですが、その適用範囲は、厳格に限定されなければなりません。同時に、人間も動物だ、などということを、軽々しく言うことも、避けなければなりません。聖書は決して、人間を動物と同じには考えていません。人間は人間です。このことは、明確にしておかなければなりません。

†共に生きる存在として

もうひとつ、わたしたちは、聖書が、神にかたどって造られた人間は、男と女に創造された、と語っていることに、心を向ける必要があります。神の形、とは、男と女に造られた、ということです。これはもちろん、神にも、男と女の区別がある、ということではありません。男と女は、お互いに違いを持った存在です。そのような存在が、共に生きる存在として造られているのです。

聖書は、このとき神が「人が独りでいるのは良くない。彼に合う助ける者を造ろう」とおっしゃって女を造られた、と語っていますが、これは女性が男性の補助的な存在として造られた、という意味ではありません。この場合の「助ける者」というのは、人間として生きることを助ける者、という意味です。神は「人が独りでいるのはよくない」と言っておられますが、自分の他に誰もいないとき、わたしたちは何でも自分の思い通りにすることができます。その時にわたしたちは、何でもできる存在、神のような存在になっているのです。

でも、このような生活に慣れてしまうと、わたしたちは人間らしさを失います。何でも自分の思い通りにならないと気が済まない、という人間ほど、困った存在はありません。それで「助ける者」が必要なのです。それは、自分と違った存在、決定的に違ったところを持っている存在です。そういう存在が、わたしたちが人間として生きることを、助けてくれるのです。それが、男性にとっての女性であり、女性にとっての男性なのです。

このように、人間が共に生きる存在として造られており、それが神の形に造られた、ということの意味だ、ということは、神ご自身が、共に生きる存在であられる、ということです。このことは、聖書全体を通して、神が「わたしはあなたの神」と言い続けられ、そのひとり子でいます主イエスが、インマヌエル（神、我らと共にいます）という名で呼ばれていることからも明らかです。先に述べたように、天地創造の出来事そのものが、共に生きるものを創り出してまで、共に生きようとされる神の業ですから、そのような神が、人間をも、共に生きる存在としてお造りになったことは、当然のことなのです。

さらに、この共に生きる、ということは、単に人間の間だけのことではありません。共に生きようとなさって、神が人間を造られた、ということは、人間もまた、神と共に生きる存在として造られた、ということです。聖書は、神が人間をお造りになったときに、土で人の形を造り、その鼻に命の息を吹き入れられた、と書いています。そのようにして、人間は生きるものとなりました。このことは、人間が、神の霊を受けている、ということを示しています。神の霊は、神の思いをわきまえるものです。被造物の中でただひとり、人間だけが、神の思いをわきまえることができます。そのようにして、人間は神と共に生きることのできる存在として、造られたのです。

人間が神と共に生きる、というとき、その基本的なあり方は、神を讃美し、礼拝することです。礼拝において、わたしたちは神と共に生きるのです。

⑸ 平和な世界

神は言われた。「見よ、全地に生える、種を持つ草と種を持つ実をつける木を、すべてあなたたちに与えよう。それがあなたたちの食べ物となる。地の獣、空の鳥、地を這うものなど、すべて命あるものにはあらゆる青草を食べさせよう。」そのようになった。

（創世記第１章29～30節）

神が造られた初めの世界は、平和な世界でした。そこには、肉食はありません。人間は木の実を食べて生活し、動物たちは青草を食べて生きていました。誰も、自分が生きるために、他の生き物の命を奪わなくてよかったのです。

このことは、あらゆる生き物の間に、平和があったことを示しています。そしてその平和の基礎は、神と人間の間の平和でした。神と人間の間に平和があったので、その他のものの間にも、平和があったのです。このことは、次のように示されます。

・**神と人間との間の平和**…神が人間を愛してくださり、人間が神を讃美し礼拝する
・**人間と自分自身との間の平和**…自分の裸を恥じない。ありのままを受け入れる。
・**人間と他の人間との間の平和**…人と隣人

とが共に生きる

・**人間と動物との間の平和**…人は動物を害さず、動物も人を害さない

・**動物同士の間の平和**…動物同士の間で、生きるための殺し合いがない

・**人間と大地の間の平和**…大地は人と動物のために、青草を生えさせ、木の実を実らせる

このように、すべての被造物の間に、平和があり、その平和の中で生きていた世界、それが神が最初に造られた世界です。聖書が「極めてよかった」と語る世界なのです。

この世界を「極めてよかった」世界として支えていたもの、それは神と人間の間にある平和です。この平和があったとき、被造物世界全体に平和があったのです。

崩れ去った平和

⑹ エデンの園における人間の自由

主なる神は、東の方のエデンに園を設け、自ら形づくった人をそこに置かれた。主なる神は、見るからに好ましく、食べるに良いものをもたらすあらゆる木を地に生えいでさせ、また園の中央には、命の木と善悪の知識の木を生えいでさせられた。……主なる神は人を連れて来て、エデンの園に住まわせ、人がそこを耕し、守るようにされた。主なる神は人に命じて言われた。「園のすべての木から取って食べなさい。ただし、善悪の知識の木からは、決して食べてはならない。食べると必ず死んでしまう。」

（創世記第２章８～17節）

エデンの園の物語は、人間が人間であるとはどういうことかを、わたしたちに教えています。神はエデンの園に、最初の人、アダムとエバを住まわせられました。そこには食べるによい実をつけるあらゆる木が生えていました。人はその木の実を自由に食べることができたのです。しかし、園の中央にある善悪の知識の木の実は食べてはならない、と神は言われました。

この神の言葉は、人間に与えられている自由についてわたしたちに教えています。人間は、園のすべての木の実を食べることが許されました。ただ善悪の知識の木の実だけは食べることを禁じられたのです。しかし、そう言いながら、神はその善悪の知識の木を、柵で囲うことをなさいませんでした。他の木と同じようにしておかれたのです。だから、食べようと思えば食べられるのです。食べようと思えば食べられるけれども、食べてはならない、と言われたのです。

よく、どうして神はこの木を柵で囲われなかったのか、と言う人がいます。食べて欲しくなかったのなら、そのようにすべきだ、と。あるいはもっと根本的な疑問ですが、どうして神は、ご自分の言いつけに背くような人間を造られたのか、という人もいます。神の言いつけには背けないような人間を造れば、問題はなかったのだ、ということです。

しかしこれらの考えは、人間に与えられている自由を理解していない人の考えです。基本的に人間は、やろうと思えば何でもできる自由を与えられているのです。食べようと思えば、園のすべての木の実を食べることができるのです。でも、食べようと思えば食べられるけれども自分は食べない、と言えるのが人間なのです。動物は、食べることのできるものは何でも食べます。食べられるけれども食べない、ということはありません。それができるのは人間です。神がその木を柵で囲われなかった、ということは、人間を人間として扱ってくださった、ということです。

同じように、なぜ神に背けない人間を造らなかったのか、という問も、的外れです。神の言うことを聞くことしかできない人間は、ロボットであって人間ではありません。神はロボットを望まれなかった。人間を望まれたのです。人間である、ということは、神に背こうと思えば背くことのできる自由を与えられているということです。背く自由が与えられているから、服従するという行為が尊い行為になるのです。神は人間が、自分の自由な意志で神に服従することを望まれたのです。

(7) 神に背いた人間

主なる神が造られた野の生き物のうちで、最も賢いのは蛇であった。蛇は女に言った。「園のどの木からも食べてはいけない、などと神は言われたのか。」（創世記第3章1節）

結局、人間は神の言葉に背いて、食べてはならないと言われた木の実を食べてしまいます。その出来事は、蛇の問いかけの言葉から始まります。

「園のどの木からも食べてはいけない、などと神は言われたのか」という蛇の言葉は、明らかに事実と違います。食べてはいけない、と言われたのは、ただひとつの木の実です。他はどれを食べてもよかった。つまり神は「何をしてもよいが、これだけはするな」と言われたのです。禁じられていることは、たったひとつのことです。しかし蛇はそれを、全部が禁じられている、と語っているのです。

これは実に巧みにわたしたちの心に触れてくる言葉です。何故ならわたしたちは、やりたいことがたったひとつでもできないと、他にどれほどできることがあっても、満足しないからです。この蛇の言葉は、人間の心の奥深くにある思いを代弁している言葉なのです。だから人がこの言葉に心を動かされたのです。

女は蛇に答えた。「わたしたちは園の木の果実を食べてもよいのです。でも、園の中央に生えている木の果実だけは、食べ

てはいけない、触れてもいけない、死んではいけないから、と神様はおっしゃいました。」蛇は女に言った。「決して死ぬことはない。それを食べると、目が開け、神のように善悪を知るものとなることを神はご存じなのだ。」

（創世記第3章2～5節）

「神はずいぶんと理不尽なことを言われる方ではありませんか」という蛇の言葉を、エバは一応否定します。でもそのとき、神がその木の実に「触れてもいけない」と言われたと言ってしまいます。蛇の言葉に動かされて、思わずそれに調子を合わせてしまったのです。それまで全幅の信頼を寄せていた神との関係に、小さなすき間が生じます。蛇はそれを見逃しませんでした。「それを食べると、目が開け、神のように善悪を知るものとなることを神はご存じなのだ」という言葉が、幼子のように神を信頼して、それに満足していた人間を、もうそれでは満足できない人間に、変えてしまったのです。

この「善悪の知識の木」とはどういうものでしょうか。それを食べると、善悪を知るようになる、ということですが、わたしはこれを、「善悪を自分で判断できる」ようになることではないか、と考えています。それまで何が善であって何が悪であるかを、神の言葉によって判断していました。その判断が、自分でできる。そうすると、何が善で何が悪かを決めるのは自分だ、ということになります。それは、自分が神の立場に立つ、ということです。「神のように善悪を知るものとなる」とは、そういう意味であろうと思います。

そう考えると、この「善悪の知識の木の実」とは、何か特別な種類の木の実ではないということです。ただ、神がこれを食べてはならないと言われた、そのことの故に、これが特別な木の実になった、ということです。

女が見ると、その木はいかにもおいしそうで、目を引き付け、賢くなるように唆していた。女は実を取って食べ、一緒にいた男にも渡したので、彼も食べた。

（創世記第3章6節）

蛇の言葉に動かされて、ふたりは食べてはならないと言われていた木の実を食べてしまいます。その結果は悲惨なものでした。

二人の目は開け、自分たちが裸であることを知り、二人はいちじくの葉をつづり合わせ、腰を覆うものとした。

その日、風の吹くころ、主なる神が園の中を歩く音が聞こえてきた。アダムと女が、主なる神の顔を避けて、園の木の間に隠れると、主なる神はアダムを呼ばれた。「どこにいるのか。」彼は答えた。「あなたの足音が園の中に聞こえたので、恐ろしくなり、隠れております。わたしは裸ですから。」

（創世記第3章7～10節）

先に述べた通り、神は「他のどの実を食べてもよいが、これだけは食べてはならない」と言われたのでした。つまり、これはたったひとつの禁止事項です。それを破った、ということは、神の言われることは、何一つ聞かない、ということです。これは神に向かって、もうあなたを神とは認めない、と宣言することです。その結果として、神との間の平和な関係が崩れるのは、当然のことです。だからふたりは、神が歩かれる足音を聞いて、恐ろしくなり、木の間に隠れたのです。それまで、どんなものよりも近い存在であられた神が、恐ろしい存在になったのです。

一方で、神はふたりを探し求めます。わたしたちを探し求める神の「(あなたは) どこにいるのか」という声は、聖書全体を通して、今でも響いていています。そしてついには、イエス・キリストとして、神ご自身がわたしたちの中に来てしまわれるようになるのです。

そのように神との関係が崩れた時、同時に自分自身との関係も崩れます。ふたりは自分たちの裸を恥じるようになりました。それまでは気がつくことさえもなかったほど自然であったものが、恥じて隠すべきものになってしまったのです。ありのままの自分が受け入れられなくなってしまったのです。

アダムは答えた。「あなたがわたしと共にいるようにしてくださった女が、木から取って与えたので、食べました。」主なる神は女に向かって言われた。「何ということをしたのか。」女は答えた。「蛇がだましたので、食べてしまいました。」

（創世記第３章12〜13節）

もうひとつ、その時に崩れたのが、隣人との関係です。神に問いつめられたアダムは、責任をエバになすりつけました。エバが造られた時「これこそ、わたしの骨の骨、わたしの肉の肉」と言って喜んだのに、自分の行為はそのエバのせいだと言い立てたのです。ふたりの愛と信頼の関係は、崩れてしまいました。さらにアダムは「あなたが共にいるようにしてくださった女」と言って、間接的に神ご自身の責任を言い立てています。人の責任にするだけでは足りずに、神の責任にさえしようとするのです。そして、エバは、自分の責任を蛇に転嫁しました。

この一連の出来事を見て感じることは、人間がだんだん人間らしさを失って、情けない存在になっていくことです。たとえ過ちを犯したとしても、それは自分の過ちです。だから、食べたのは自分の責任です、と言えたら、人間らしさを保てたでしょう。しかしふたりはそう言えませんでした。人間の誇りを失ってしまったのです。それは、ふたりに与えられた神の形が失われてしまったことを示しています。

神はアダムに向かって言われた。「お前は女の声に従い、取って食べるなと命じた木から食べた。お前のゆえに、土は呪われるものとなった。お前は、生涯食べ物を得ようと苦しむ。お前に対して、土は茨とあざみを生えいでさせる、野の草を食べようとするお前に。お前は顔に汗を流してパンを得る、土に返るときまで。お前がそこから取られた土に。塵にすぎないお前は塵に返る。」

（創世記第３章17～19節）

さらにその時崩れた関係があります。人と大地の関係です。それまで、人間の食べる木の実を自然にならせてくれた大地は呪われるものとなり、茨とあざみを生じさせるものとなります。それまで人間に対して好意的であった存在が、一転して意地の悪いものになります。そのために、人間は生涯、食べるための苦労を負う者となったのです。苦労して食べ物を得、それを食べ続けても、ついには死んで塵に返るものとなってしまったのです。

この、大地が呪われるものとなった、ということについては、創世記第４章12節でも、アベルの血を飲み込んだ土が呪われ、さらにそれよりもカインが呪われる、という形で繰り返されます。これまでどれほどの人が殺されて、密かに土に埋められ、あるいは海に投げ込まれたことでしょうか。

そうやって殺人の片棒をかつがされた大地や海が、呪われたものとなるのは、当然のことです。大地が揺れ動いて人の命を奪ったり、海が津波となって人を襲ったりということが起こるのも、単に自然現象として片付けてよいものではありません。人が神に背いたために、大地や海さえも、神に背くものとなってしまったのです。

エデンの園の出来事によって、この世界の平和な関係は崩れてしまいました。神との関係が崩れ、自分自身との関係が崩れ、隣人との関係が崩れ、大地との関係も崩れてしまいました。ここでは明記されていませんが、そのことによって、他の動物との関係や、動物同士の関係も、崩れてしまったのです。

⑻ 神を失った人間の悲惨

†妬みの支配

時を経て、カインは土の実りを主のもとに献げ物として持って来た。アベルは羊の群れの中から肥えた初子を持って来た。主はアベルとその献げ物に目を留められたが、カインとその献げ物には目を留められなかった。カインは激しく怒って顔を伏せた。主はカインに言われた。「どうして怒るのか。どうして顔を伏せるのか。もしお前が正しいのなら、顔を上げられるはずではないか。正しくないなら、罪は戸口で待ち伏せており、お前を求める。お前はそれを支配せねばならない。」　カインが弟アベルに言葉をかけ、二人が野原に着いたとき、カインは弟アベルを襲って殺した。

（創世記第4章3～8節）

この物語の中でひとつ問題になるのは、なぜ神に対するカインの怒りが、弟アベルに向かったか、ということです。自分の献げ物を退けられた神の行為が、理不尽なものだと思ったら、神に対してものを申し上げるべきで、弟は関係ありません。関係ないものを関係ないと言えなかったところに、カインの問題があります。それは、アベルのような存在が、神に献げ物を退けられた自分の惨めさを決定的なものにするからです。

こういう理由で、自分より優れた人間や、自分より幸福な人間の存在を許せないという思い、すなわち、人を妬む思いは、わたしたちの誰もが持っているものです。しかし、他の人の有能さと自分の能力のなさ、あるいは他の人の幸福と自分の不幸には、直接の関係はありません。関係のないものを、関係ないと言い切れないのは、自分が本当に自立した人間として立っていないからです。カインが真に自立した人間なら、アベルを殺すことはなかったでしょう。

人間が、自立をした存在でなくなったのは、神との関係を失ったからです。神を押しのけて、自分が神になったしまったからです。それは、神に対して自立をしたということです。それは不思議なことに、神に対して自立した人間は、人に対する自立を失うのです。人間は、神に従うか、悪魔に従うかのどちらかだ、と言った人がありますが、その通りです。神にも従わず、悪魔にも従わない、という自立した生き方は、神にのみ可能なことであって、人間には不可能なのです。もしわたしたちが、人に対して自立した人間として生きたいと思うなら、神に従う、という道を行くしかありません。それはわたしたちが、神によって、神の形に造られているからです。

こういう言い方もできると思います。人間は、外からの声に耳を傾けることによってのみ、自分を失わずに、正しい自分として生きることができる。心の中に生まれ出た不安を自分の力で消すのは至難の業です。でも、他の人がかけてくれた言葉によって不安から救われることは多い。そのように、わたしたちには、外からの言葉が必要なのです。

そして、究極の「外からの言葉」は、神の言葉です。神に従うことをやめてしまった人間は、神の言葉を聞くことができなくなりました。それが、カインを、妬みにとらわれる者にしてしまったのです。神の言葉を聞くことをなしに、自分を支え続けることはできません。

†人につけられたしるし

主はカインに言われた。「いや、それゆえカインを殺す者は、だれであれ七倍の復讐を受けるであろう。」主はカインに出会う者がだれも彼を撃つことのないように、カインにしるしを付けられた。

（創世記第４章15節）

神は、地上の放浪者となったカインに、ひとつのしるしをつけられます。これは、カインがなお神のものであって、これを殺す者には、神が復讐をする、というしるしです。人はエデンの園を追われ、さらに地上の放浪者となりました。しかし、神はなおそのような者を、ご自分のものとして、しるしをつけてくださったのです。

＋人は死ぬものとなった

アダムは百三十歳になったとき、自分に似た、自分にかたどった男の子をもうけた。アダムはその子をセトと名付けた。アダムは、セトが生まれた後八百年生きて、息子や娘をもうけた。アダムは九百三十年生き、そして死んだ。

（創世記第５章３～５節）

創世記第5章は、アダムの系図です。その初めに、アダムが「自分に似た、自分にかたどった男の子をもうけた」ことが記されます。人はもはや、創世記の初めに言われたような「神にかたどった」存在ではなくなってしまったのです。

そのようなアダムの一生は、何百年生きて、息子や娘をもうけた、とだけ記されるものになってしまいました。子供が生まれる、ということ以外の出来事は覚えられないのです。わたしたちがどんな人生を生きようと、それは消えてしまう。ただ、子供が生まれるということにのみ、将来への希望をつなぐ、そういう者になってしまったのです。

エノクは、メトシェラが生まれた後、三百年神と共に歩み、息子や娘をもうけた。エノクは三百六十五年生きた。エノクは神と共に歩み、神が取られたのでいなくなった。

（創世記第５章22～24節）

この系図の中で、ただひとり「そして死んだ」と言われなかった人がいます。エノクです。

この人は、死んだとは言われない。いなくなったというのです。もちろん人間の目で見える事実を言えば、この人も人生の終わりを迎えたのですから、死んだのでしょう。でもそれが、死んだとは言われない。いなくなった、と言われる。これはちょうど主イエスが、死んでしまったヤイロの娘について「死んだのではない。眠っているのだ」（マルコによる福音書第5章39節）と言われたことと同じです。主イエスがその人のためにそこにいてくださったら、死は死でない。神の手のなかで死ぬ死は、死ではありません。エノクは神と共に生きました。だからこの人の死は死ではないのです。ここに、永遠の命の希望が見えています。

†後悔なさる神

主は、地上に人の悪が増し、常に悪いことばかりを心に思い計っているのを御覧になって、地上に人を造ったことを後悔し、心を痛められた。主は言われた。「わたしは人を創造したが、これを地上からぬぐい去ろう。人だけでなく、家畜も這うものも空の鳥も。わたしはこれらを造ったことを後悔する。」しかし、ノアは主の好意を得た。

（創世記第6章5～7節）

ノアの洪水の物語は、悪事に専念している人の姿をご覧になって、神が、地上に人を造られたことを後悔なさった、ということから始まります。全知全能の神が後悔なさる、というのは不思議なことです。神にはすべてがわかっておられたはずだと思うからです。でも、神が後悔なさった、ということは、この時の人の姿が、神の予想外のものであったことを示しています。

ある局面において人間がどう行動するかということは、神でさえ知り得ないことなのです。そこに人間に与えられた自由の大きさがあります。同時に、人間が問われる責任の大きさもあるのです。

この時、ノアが主の好意を得た、ということですが、恐らく神は、地上からあらゆる生き物をぬぐい去ろう、と決心なさった後にもなお、正しい人を探し求められたに違いありません。そしてノアを見つけ出して喜ばれたことでしょう。わたしたちを滅ぼすことは、神の御心ではありません。わたしたちが生きることこそが、神の御心です。

この時、「家畜も這うものも空の鳥も」滅ぼそうと、神が言われたことは重要です。神に背いたのは人間だけですから、他の動物まで滅ぼす必要はないだろうと、わたしたちは思います。でも、神がそう思われなかったのは、人間のいない世界には意味がないからです。神は、ご自分と共に生きる存在をお求めになって、天地を造り、生き物を造り、最後にご自身の形に、わたしたち人間を造られたのです。人間こそ、天地創造の目的です。だから、人間が滅びるときには、動物も滅びるのです。

逆に、ノアとその家族を救うとお決めになったときには、神は動物たちをも救おうとされました。人間は人間だけでは生きてはいけないからです。でもそのときに、カラスまで救われたのは、人間に役に立つか立たないか、ということで、神が動物を区別しておられないことを示しています。役に立たない動物も、人間には必要なのです。

†神の決心

主は宥めの香りをかいで、御心に言われた。「人に対して大地を呪うことは二度とすまい。人が心に思うことは、幼いときから悪いのだ。わたしは、この度したように生き物をことごとく打つことは、二度とすまい。地の続くかぎり、種蒔きも刈り入れも、寒さも暑さも、夏も冬も、昼も夜も、やむことはない。」

（創世記第８章21～22節）

洪水の後に、ノアが献げた宥めの献げ物の香りをかいで神が言われたことは重要です。「人が心に思うことは、幼いときから悪い」ということを知りながら、もはや生き物を滅ぼすことはしない、と言われた。洪水の前には、人が悪いことばかりを思い計っているのをご覧になって、生き物を滅ぼそうとされたのでした。それとは全く違うことを、神はここで心にお決めになったのです。

「人が心に思うことは、幼いときから悪い」ことを知りながら滅ぼさない、ということは、そういう人間たちと、最後までつきあってい く、ということです。わたしたちのために血を流されたキリストの十字架が、ここにもう見え始めています。

†肉食の始まり

神はノアと彼の息子たちを祝福して言われた。「産めよ、増えよ、地に満ちよ。地のすべての獣と空のすべての鳥は、地を這うすべてのものと海のすべての魚と共に、あなたたちの前に恐れおののき、あなたたちの手にゆだねられる。動いている命

あるものは、すべてあなたたちの食糧とするがよい。わたしはこれらすべてのものを、青草と同じようにあなたたちに与える。ただし、肉は命である血を含んだまま食べてはならない。

（創世記第９章１～４節）

洪水の後に、神は人間が動物を食べることをお許しになりました。ここに、肉食が始まったのです。ただ、これは初めの平和な世界からの逸脱であって、初めからの神の御心ではありません。恐らく、人間が神に背いて以来、地上に広まってしまった肉食を、神が譲歩してお認めになったものでしょう。

✝全地に散らされた

世界中は同じ言葉を使って、同じように話していた。東の方から移動してきた人々は、シンアルの地に平野を見つけ、そこに住み着いた。彼らは、「れんがを作り、それをよく焼こう」と話し合った。石の代わりにれんがを、しっくいの代わりにアスファルトを用いた。彼らは、「さあ、天まで届く塔のある町を建て、有名になろう。そして、全地に散らされることのないようにしよう」と言った。主は降って来て、人の子らが建てた、塔のあるこの町を見て、言われた。

「彼らは一つの民で、皆一つの言葉を話しているから、このようなことをし始めたのだ。これでは、彼らが何を企てても、妨げることはできない。我々は降って行って、直ちに彼らの言葉を混乱させ、互いの言葉が聞き分けられぬようにしてしまおう。」

主は彼らをそこから全地に散らされた

ので、彼らはこの町の建設をやめた。こういうわけで、この町の名はバベルと呼ばれた。主がそこで全地の言葉を混乱（バラル）させ、また、主がそこから彼らを全地に散らされたからである。

（創世記第11章1～9節）

この物語は、新しい技術を得た人間が何を考えるか、ということを、わたしたちに教えています。天は神がおられるところです。そこまで届く塔を建てて、人間の力の偉大さを、見せつけてやろう、というのです。これは今でも新しい技術が開発され、それまで神の手にあるものと思われていたものが、人間の手に入るたびに、繰り返されてきた人間の思いです。そうやって神を追いつめ、その居場所を奪ってきたのが、人間の歴史であったということです。

しかしながら、お互いの言葉が通じなくなったために、彼らのこの試みは失敗しました。このことは、ひとつに「自分の力を見せつけてやろう」という思い上がりの中で生きている者たちが集まると、お互いの言葉が通じなくなる、ということを示しています。

同時に、ここで彼らの言葉が乱れ、一致して事を進められなくなったのは、神の審きの結果である、ということを、忘れることはできません。それは、彼らが一致して、神に反抗しようとしたからです。このことは、一致する、とか、心をひとつにする、ということが、無条件によいことではないことを、示しています。

今の世界は、言葉が通じず、それ故に心が通じないから、争いが絶えないのだ、と多くの人が考えています。だから言葉を通じさせ、心を通わせることができれば、世界は平和になる、と考えるのです。でも、この物語によれば、世界が平和で、人々の心がひとつであったときに、彼らがしたことは、神に対する反抗であって、それ故に言葉が乱れ、心が通じなくなったのだ、ということです。神に従う、ということを抜きにして、いくら心をひとつにしようとしても、それは無理だ、ということです。

この物語の対極にあるのが、ペンテコステの出来事である、と言われています（使徒言行録第2章1〜13節）。そこでは、言葉はひとつではありません。でも、語っている事柄がひとつです。それは、神の偉大な業です。違う言葉であっても、神の偉大な業を語ったときに、わたしたちの心はひとつになるのです。神を抜きにして、心をひとつにしても、平和は来ません。この物語は、そのことを教えています。

以上で、創世記の物語の部分は終わりです。この部分を、少し丁寧に学んで来ました。ここに書かれていることが、聖書全体が報告している神の救いの業の前提になっているからです。神の救いの業は、このように神に背き、神との間にも、あるいは隣人や他の被造物との間にも、平和を失ってしまった人間を、再び神のものとして取り戻すことです。その過程は、次のように示されます。

- **神と人間とが和解して、**平和を取り戻す。
- **人間が自分自身と和解して、**平和を取り戻す
- **人間が他の人間と和解して、**平和を取り戻す
- **人間と動物とが和解して、**平和を取り戻す
- **動物同士が和解して、**平和を取り戻す
- **人間と大地が和解して、**平和を取り戻す

この中で、神と人間との和解が、中心であり第一のものです。そのためには、神に背き去った人間の罪が赦され、人が再び神のものとして、喜んで神に従って生きる生活を生き始めることが必要です。そのような神と人との交わりを取り戻すために、神がこの地上で起こされた出来事の記録が、これ以降の聖書全体の内容です。

エデンの園で、「どこにいるのか」と言ってアダムとエバを捜された神は、わたしたちひとりひとりをも、捜し求められ、ついにはひとり子イエス・キリストを人としてこの地上に降らせる、ということまでなさいました。

その神の救いの業の第一歩、それは、アブラハムというひとりの人間をお召しになることでした。アブラハムから、神の救いの業が始まるのです。

救いの歴史の始まり

創世記第12章から、神の救いの歴史が始まります。ここに記されているのは、神が、わたしたち人間をお救いくださるために、この地上に起こされた出来事の記録です。その救いの業を、神は、アブラハムというひとりの人を召し出すことから、始められました。ひとりの人との間で、神がその人の神となり、その人が神の民となる、という関係を作ろうとされたのです。そして、そのような関係を、より多くの人との間に広げて行こうとなさいました。

初めにアブラハムと、次にアブラハムの子孫であるイスラエルと、そして最後には、主イエス・キリストを信じて洗礼を受けた群れ、教会との間で、そのような関係を結ばれたのです。このようにして、わたしたちも、神の救いの歴史の中に入れられるものとなりました。神は、さらに多く、世界のすべての人がこの歴史の中に入れられることを願っておられるのです。

(9) 信仰の父アブラハム

主はアブラムに言われた。

「あなたは生まれ故郷、父の家を離れてわたしが示す地に行きなさい。

わたしはあなたを大いなる国民にし、あなたを祝福し、あなたの名を高める、祝福の源となるように。あなたを祝福する人をわたしは祝福し、あなたを呪う者をわたしは呪う。地上の氏族はすべて、あなたによって祝福に入る。」

　アブラムは、主の言葉に従って旅立った。ロトも共に行った。アブラムは、ハランを出発したとき七十五歳であった。

（創世記第12章1〜4節）


「これがあなたと結ぶわたしの契約である。あなたは多くの国民の父となる。あなたは、もはやアブラムではなく、アブラハムと名乗りなさい。あなたを多くの国民の父とするからである。わたしは、あなたをますます繁栄させ、諸国民の父とする。王となる者たちがあなたから出るであろう。

　わたしは、あなたとの間に、また後に続く子孫との間に契約を立て、それを永遠の契約とする。そして、あなたとあなたの子孫の神となる。

（創世記第17章4〜7節）


　この時、神はアブラハムにひとつの約束をなさいました。神の約束（契約）は、救いの業において重要な役割を果たしています。神を信じる、ということは、神の約束を信じる、ということであり、同時に、自分もそれに答えて約束をする、ということです。このようにして、神との契約関係の中に入るのです。

　わたしたちにとって、信じるとは、単に心の中だけで起こることではありません。心の中で起こることなら、その時々の心の状態によって、信じたり信じなかったりするのですが、わたしたちの信仰は、そのような、気分に左右されるものではありません。それは約束をすることです。「わたしがあなたの神になる」という約束をされる神に対して「わたしは生涯あなたのものとなって、あなたに従って生きていきます」という約束をすること、それがわたしたちの信仰です。

この時、神がアブラハムに約束なさったことは、彼を祝福して、祝福の源にする、ということです。祝福の源とは、アブラハムを通して、神さまの祝福が、この地上のすべての氏族、すべての国民に及ぶ、ということです。そのようにして、アブラハムは諸国民の父となる。神の民に加えられる世界のすべての者たちの父となる、ということです。このようにして、わたしたちもまたアブラハムの子孫となるのです。

祝福というとき、そこには、具体的ないろいろなものが含まれます。健康や長寿、生活の安定、家庭の平安なども、祝福です。しかし、その根底にあるものは、「わたしがあなたの神になる」という神の約束です。神がこのわたしの神となってくださるということ、それが祝福の根底にあるものです。具体的な祝福は、そこから派生してくるものです。

この神の言葉に従って、アブラハムは住んでいた所を離れて、旅に出ます。示されたのはカナンの地でした。彼は行く先々で、祭壇を建て、そこで神の名を呼びました。このようにして彼は、神に従う信仰者の生活を、最初に生きた者となったのです。

わたしたちもまた、アブラハムに続いて旅に出ます。実際に住んでいる場所を変えることはなくても、信仰生活を始めるということは、それぞれの人にとって、旅に出ることです。新しい生活に足を踏み入れることです。旧来の生活の中に、どっぷりとつかったまま、信仰生活をすることはできません。主日礼拝を守ることも、教会に加わって奉仕の生活を始めることも、ひとつの旅に出ることです。新しい生活に足を踏み出すことは、不安を伴います。しかし、神は、決断して足を踏み出す者と、共に歩んでくださるのです。

この時、カナンの地には、神を知らない人たちが住んでいました。アブラハムはその中に入り込んで、祭壇を築き、神の名を呼びます。わたしたちの生活も、神を知らない多くの人たちに囲まれて生きる生活です。でも、その中に入り込んで、わたしたちも祭壇を建

て、そこで神の名を呼ぶのです。家庭においても、職場においても、わたしたちがそこから神の名を呼ぶときに、そこは神が働かれる所となるのです。

アブラハムは信仰の父と呼ばれます。それは、救いの歴史の中で、最初に神に召され、神を信じた人だからです。同時にアブラハムの生涯は、わたしたち信仰者の生涯の模範です。わたしたちもアブラハムと同じように約束と祝福をいただき、決断をして旅に出、まだ神を知らない人たちの住む所に生き、そこに祭壇を建てて、神の名を呼ぶのです。

⑽　アブラハムの子供たち

そのとき、主がイサクに現れて言われた。……あなたがこの土地に寄留するならば、わたしはあなたと共にいてあなたを祝福し、これらの土地をすべてあなたとその子孫に与え、あなたの父アブラハムに誓ったわたしの誓いを成就する。わたしはあなたの子孫を天の星のように増やし、これらの土地をすべてあなたの子孫に与える。地上の諸国民はすべて、あなたの子孫によって祝福を得る。

（創世記第26章2～4節）

ヤコブはベエル・シェバを立ってハランへ向かった。……見よ、主が傍らに立って言われた。

「わたしは、あなたの父祖アブラハムの神、イサクの神、主である。あなたが今横たわっているこの土地を、あなたとあなたの子孫に与える。……地上の氏族はすべて、あなたとあなたの子孫によって祝福に入る。見よ、わたしはあなたと共にいる。

あなたがどこへ行っても、わたしはあなたを守り、必ずこの土地に連れ帰る。わたしは、あなたに約束したことを果たすまで決して見捨てない。」

（創世記第28章10～15節）

アブラハムに与えられた約束は、その子孫であるイサク、ヤコブに受け継がれていきます。このヤコブは、後に神からイスラエルという名をいただきます。そしてその12人の息子から、イスラエルの12部族が生まれるのです。

イスラエルはひとつの民族の名前であるように考えられますが、正確には、これは信仰共同体の名前で、民族の名はヘブライ人です。そのヘブライ人に12の部族があり、その部族が神との契約を中心とした信仰共同体を作っていて、その共同体の名前がイスラエルです。ですからイスラエルは、信仰共同体の名前なので、わたしたち教会が新しいイスラエルと呼ばれるのです。もうひとつ、ユダヤ人という呼び名がありますが、これはヘブライ人の12部族のひとつであるユダ族の人々を呼ぶ呼び名です。

⑾ 神の民イスラエルの誕生

†エジプトでの労苦

それから長い年月がたち、エジプト王は死んだ。その間イスラエルの人々は労働のゆえにうめき、叫んだ。労働のゆえに助けを求める彼らの叫び声は神に届いた。神はその嘆きを聞き、アブラハム、イサク、

ヤコブとの契約を思い起こされた。

（出エジプト記第２章23～25節）

主は言われた。

「わたしは、エジプトにいるわたしの民の苦しみをつぶさに見、追い使う者のゆえに叫ぶ彼らの叫び声を聞き、その痛みを知った。それゆえ、わたしは降って行き、エジプト人の手から彼らを救い出し、この国から、広々としたすばらしい土地、乳と蜜の流れる土地、カナン人、ヘト人、アモリ人、ペリジ人、ヒビ人、エブス人の住む所へ彼らを導き上る。

（出エジプト記第３章７～８節）

ヤコブと12人の息子たちは、父ヤコブと共にエジプトへ下り、そこでひとつの民族になります。その後エジプトの王朝が代わって、新しい支配者はイスラエルを警戒し、彼らを奴隷にします。彼らはエジプトに４３０年間滞在したと言われますが、その間に彼らは神のことを忘れ、神との契約のことも忘れてしまいます。

しかし、神は彼らとの契約をお忘れにはなりませんでした。そして、彼らを助け出す決心をされるのです。

このとき神はイスラエルを「わたしの民」と呼ばれます。これは彼らの先祖たちと結ばれた契約の故です。ご自分の民の苦しみを見過ごしにできない神は、降って行って、彼らを救い出されるのです。わたしたちの神は、ご自分の民を救うために、低きに降られる神です。ここにもすでに、わたしたちを救うために人となられた主イエスのお姿が見えています。

✝神の名

モーセは神に尋ねた。

「わたしは、今、イスラエルの人々のところへ参ります。彼らに、『あなたたちの先祖の神が、わたしをここに遣わされたのです』と言えば、彼らは、『その名は一体何か』と問うにちがいありません。彼らに何と答えるべきでしょうか。」

神はモーセに、「わたしはある。わたしはあるという者だ」と言われ、また、「イスラエルの人々にこう言うがよい。『わたしはある』という方がわたしをあなたたちに遣わされたのだと。」神は、更に続けてモーセに命じられた。

「イスラエルの人々にこう言うがよい。あなたたちの先祖の神、アブラハムの神、イサクの神、ヤコブの神である主がわたしをあなたたちのもとに遣わされた。

これこそ、とこしえにわたしの名
これこそ、世々にわたしの呼び名。

（出エジプト記第３章13～15節）


神はイスラエルをエジプトから救い出すために、モーセを召し出し、彼にご自身を示されます。その時にモーセは、神の名を問うのです。名を知るということは、特別な関係に入ることです。神の名を知った者は、その神の力を引き出すことができると考えられていたと言われています。従ってここで神がご自分の名をお教えになったことは、彼らと特別な関係に入ろうとされたことです。

神がお教えになったその名は「わたしはある」というものです。ヘブライ語ではヤハウェ、あるいはヤーウェという言葉です。しかし、イスラエルは十戒の第３戒「あなたの神、主

〈旧〉出エジプト記5：1～2

の名をみだりに唱えてはならない」という戒めに従って、すべてこれらを主と言い換えました。わたしたちの聖書でも、そのようになっています。前ページ引用聖書箇所の「アブラハムの神、イサクの神、ヤコブの神である主」の主は、一般名詞としての主ではなく、神のお名前です。

もともとヘブライ語は子音だけを表記し、母音は表記されません。引用聖書箇所の神のお名前は、ヘブライ語のアルファベットでは、ＹＨＷＨと記されます。イスラエルは、この言葉を全部主（アドナイ）と読み替えました。後にヘブライ語に母音を表記するようになったときに、このＹＨＷＨには、アドナイの母音を振りました。そうするとＹｅＨｏＷＨａとなります。（最初の母音がａでなくｅなのは、神のお名前の最初の文字「ヤ」を思い起こさないようにするためだったと考えられます。）長い間、このお名前をアドナイと読み続けた結果、もともとの呼び方がわからなくなってしまいました。今でも正確な読み方はわかっていません。一部の聖書や歌などで、神のお名前を、エホバとお呼びすることがありますが、これはＹｅＨｏＷＨａをそのまま読んでしまったもので、明らかに間違いです。（関根正雄著「イスラエル宗教文化史」による。）

この神のお名前を、ギリシャ語では「エゴー・エイミー」と表します。これは「わたしはある」という意味です。ヨハネによる福音書第8章24、28、58節、13章19節）にある「わたしはある」という言葉は、この神のお名前です。そこでは、主イエスがご自分を神と等しいものと言っておられるのです。

✝エジプト王との交渉

その後、モーセとアロンはファラオのもとに出かけて行き、言った。「イスラエルの神、主がこう言われました。『わたしの民を去らせて、荒れ野でわたしのために祭りを行わせなさい』と。」ファラオは、「主とは一体何者なのか。どうして、その言うことをわたしが聞いて、イスラエルを去らせねばならないのか。わたしは主など知らないし、イスラエルを去らせはしない」と答えた。

（出エジプト記第5章1～2節）

イスラエルをエジプトから導き出すために、神に遣わされてエジプトへ戻っていったモーセは、エジプト王に会い、交渉をします。その内容は、イスラエルが神を礼拝することを認め、そのための休みを与えるように、ということです。

これは、急所をついた申し入れです。奴隷というのは主人の持ち物ですから、イスラエルはエジプト王の所有物です。しかし、神を礼拝する、ということは、彼らが他の誰のものでもなく、神のものであることを示すのです。神がここで「わたしの民を去らせて」と言っておられる通りです。王がこれを拒否したのは当然です。それは単に、奴隷に休みを与えることを拒否したのではなくて、彼らが神のものであると認めることを、拒否したのです。

このように、神を礼拝するということは、わたしたちが他の誰のものでもなく、神のものであることを、明らかにすることです。それは逆の意味で言うと、礼拝を怠ったとき、わたしたちは自分自身の奴隷になり、職場の奴隷になり、家庭の奴隷になる、ということです。礼拝することは、わたしたちを奴隷から解放するのです。

†過越

モーセは、イスラエルの長老をすべて呼び寄せ、彼らに命じた。

「さあ、家族ごとに羊を取り、過越の犠牲を屠りなさい。そして、一束のヒソプを取り、鉢の中の血に浸し、鴨居と入り口の二本の柱に鉢の中の血を塗りなさい。翌朝までだれも家の入り口から出てはならない。主がエジプト人を撃つために巡るとき、鴨居と二本の柱に塗られた血を御覧になって、その入り口を過ぎ越される。滅ぼす者が家に入って、あなたたちを撃つことがないためである。

あなたたちはこのことを、あなたと子孫のための定めとして、永遠に守らねばならない。

（出エジプト記第12章21～24節）

過越は、イスラエルがエジプトの奴隷状態から解放された救いの業全体を表す、象徴的な出来事です。この後、イスラエルは毎年春に過越の祭を祝い、この出来事を記念するようになります。主イエスが十字架で死なれ、復活されたのも、この過越の祭の間の出来事です。エジプトの奴隷からの解放を祝う祭りの間に、人々を罪の奴隷から解放する主イエスの救いの業が成し遂げられたのです。

†葦の海の奇跡

モーセが手を海に向かって差し伸べる

と、主は夜もすがら激しい東風をもって海を押し返されたので、海は乾いた地に変わり、水は分かれた。イスラエルの人々は海の中の乾いた所を進んで行き、水は彼らの右と左に壁のようになった。エジプト軍は彼らを追い、ファラオの馬、戦車、騎兵がことごとく彼らに従って海の中に入って来た。……モーセが手を海に向かって差し伸べると、……水は元に戻り、戦車と騎兵、彼らの後を追って海に入ったファラオの全軍を覆い、一人も残らなかった。……主はこうして、その日、イスラエルをエジプト人の手から救われた。

（出エジプト記第14章21〜30節）

葦の海が分かれて、そこを通ってイスラエルがエジプトを脱出した出来事は、この出エジプトの出来事の中で最も劇的な出来事です。これは神がイスラエルを救うために起こされた奇跡であって、これによってイスラエルは、エジプトの奴隷状態から完全に解放され、自由な身になったのです。これによって彼らは、神が彼らの神でいますことを、体験的に知ったのです。

これはイスラエルの原点とも言うべき出来事で、イスラエルはこの後、事あるごとにこれを思い起こし、自分たちが神の民であることを確認しつつ、その歴史を生き抜いたのです。出エジプトの出来事全体が、神がこの地上に出来事を起こして、ご自分の救いのご計画を実現される方であることを、示しています。

†シナイ契約

イスラエルの人々は、エジプトの国を出て三月目のその日に、シナイの荒れ野に到着した。彼らはレフィディムを出発して、シナイの荒れ野に着き、荒れ野に天幕を張った。イスラエルは、そこで、山に向かって宿営した。
　モーセが神のもとに登って行くと、山から主は彼に語りかけて言われた。
「ヤコブの家にこのように語りイスラエルの人々に告げなさい。
あなたたちは見た
わたしがエジプト人にしたこと
また、あなたたちを鷲の翼に乗せて
わたしのもとに連れて来たことを。
今、もしわたしの声に聞き従い
わたしの契約を守るならば
あなたたちはすべての民の間にあって
わたしの宝となる。
世界はすべてわたしのものである。
あなたたちは、わたしにとって
祭司の王国、聖なる国民となる。
　これが、イスラエルの人々に語るべき言葉である。」
（出エジプト記第19章1～6節）

　エジプトを脱出して3ヶ月目に、イスラエルはシナイ山に着き、そこで神は彼らと契約を結ばれます。この契約は、かつてアブラハム、イサク、ヤコブと結ばれたものです。この契約によって、イスラエルは神の民となり、「わたしの宝、祭司の王国、聖なる国民」と呼ばれるものになるのです。
　祭司というのは、神と人との仲立ちとなる存在です。イスラエルは民全体がそのような存在となるのです。それは、神と世界中の人々との仲立ちとなって、人々が罪を赦されて神の前に立ちうるようにする者になる、ということです。

これは、彼らが祝福の源となり、彼らを通して神の祝福が全世界に及ぶ、ということであって、ここでも、アブラハムに対して約束されたことが、繰り返されているのです。このように、神から特別な使命を与えられ、そのために仕える民である、という意味で、彼らは聖なる国民なのです。

この契約の中で、イスラエルが守るべきこととして与えられたものが、十戒を中心とした律法です。

†契約の血

モーセは血の半分を取って鉢に入れて、残りの半分を祭壇に振りかけると、契約の書を取り、民に読んで聞かせた。彼らが、「わたしたちは主が語られたことをすべて行い、守ります」と言うと、モーセは血を取り、民に振りかけて言った。「見よ、これは主がこれらの言葉に基づいてあなたたちと結ばれた契約の血である。」

（出エジプト記第24章6～8節）

神がイスラエルに語られた言葉を、彼らが受け入れ、神の言葉をすべて守ります、という約束をしたときに、契約が成立し、神が彼らの神となり、彼らは神の民となりました。その契約のしるしとして、雄牛の血が用いられ、その半分が祭壇に振りかけられ、残りの半分は、民に振りかけられます。これで契約が確かなものとなったのです。

ここで結ばれた契約が、旧契約です。この旧契約を中心に、それに伴って起こったさまざまな出来事を記したのが、旧契約聖書、すなわち、旧約聖書です。同時に、旧契約があるということは、新契約もある、ということです。それは主イエスと弟子たちの間で結ばれたものです。

一同が食事をしているとき、イエスはパンを取り、賛美の祈りを唱えて、それを裂き、弟子たちに与えながら言われた。「取って食べなさい。これはわたしの体である。」また、杯を取り、感謝の祈りを唱え、彼らに渡して言われた。「皆、この杯から飲みなさい。これは、罪が赦されるように、多くの人のために流されるわたしの血、契約の血である。言っておくが、わたしの父の国であなたがたと共に新たに飲むその日まで、今後ぶどうの実から作ったものを飲むことは決してあるまい。」

（マタイによる福音書第26章26～29節）

主の晩餐の席で、主イエスがぶどう酒を弟子たちに飲ませられた時に、主はそれが、多くの人のために流されるご自分の血、契約の血である、と言われました。この「契約の血」は、イスラエルが神と契約を結んだ時に、モーセが祭壇と民に振りかけた契約の血と、同じ意味を持つものです。

主イエスはここで、神がイスラエルと結ばれた契約を新しくし、それを弟子たちとの間で結ばれたのです。律法を守ることによってではなく、このわたしの罪の赦しのために主イエスが死んで復活してくださったことを感謝し、喜んで信じる者が、神の民とされる、という契約です。この契約が、新契約、すなわち新約です。この出来事を中心として記されている聖書が、新約聖書です。

契約は、わたしたちの信仰の中心にあるものです。神を信じる、ということは、神と契約を結ぶ、ということです。それは、わたしたちにとっては、このわたしの罪の赦しのために主イエスが死んで復活してくださったことを感謝し、一生涯その主イエスの弟子となって生きる、という約束をすることです。そして神は、そのようなわたしたちの神となってくださるのです。契約ですから、守らなければなりません。洗礼を受ける、ということは、こういう契約を神と結ぶことだ、ということを、よくわきまえておく必要があります。

契約を守る、ということは、努力を要することです。それと同時に、わたしたちがこの契約を誠実に守ろうと努力する時に、必ず神が助けてくださることを、忘れることはできません。すべてを自分でやり遂げるのではなくて、神の助けを受け、それに感謝しつつ、自分としてすべきことをしていく。これが信仰生活です。

†民の不真実

モーセが山からなかなか下りて来ないのを見て、民がアロンのもとに集まって来て、「さあ、我々に先立って進む神々を造ってください。エジプトの国から我々を導き上った人、あのモーセがどうなってしまったのか分からないからです」と言うと、アロンは彼らに言った。「あなたたちの妻、息子、娘らが着けている金の耳輪をはずし、わたしのところに持って来なさい。」民は全員、着けていた金の耳輪をはずし、アロンのところに持って来た。彼はそれを受け取ると、のみで型を作り、若い雄牛の鋳像を造った。すると彼らは、「イスラエルよ、これこそあなたをエジプトの国から導き上ったあなたの神々だ」と言った。……

主はモーセに仰せになった。「直ちに下

山せよ。あなたがエジプトの国から導き上った民は堕落し、早くもわたしが命じた道からそれて、若い雄牛の鋳像を造り、それにひれ伏し、いけにえをささげて、『イスラエルよ、これこそあなたをエジプトの国から導き上った神々だ』と叫んでいる。」主は更に、モーセに言われた。「わたしはこの民を見てきたが、実にかたくなな民である。今は、わたしを引き止めるな。わたしの怒りは彼らに対して燃え上がっている。わたしは彼らを滅ぼし尽くし、あなたを大いなる民とする。」

（出エジプト記第32章1～10節）

イスラエルが神と契約を結び、神の民となって間もなく、早くもイスラエルが神との契約を破り、勝手な神々を造り出してこれを拝む、という出来事が起こります。

イスラエルは、エジプトから荒野へと導かれ、自由の身になりました。しかしそこでの生活は、生活に必要なすべてのものを神が与えてくださるという信仰がなければ続けられない生活です。奴隷には自由がありませんが、食べる物や着る物は与えられ、生活は保証されていました。

そのような生活を送っていたイスラエルは、神を信じて荒野の旅を続ける、という不安に勝てなかったのです。彼らは見えない神ではなく、目に見える神々を求めました。自分たちの手元にあって、もっと確かに自分たちの生活を保証してくれるものを求めたのです。金の牛はものを言いません。彼らの言いなりになるだけの、都合のよい神です。真実の神は、彼らに信じることを求めますし、彼らが真実な生き方をするように求めます。それは、神の形に造られた、真に人間らしい人間として生きることを求める、ということです。そのような神よりも、手っ取り早く自分たちの願い事を聴いてくれる神を、彼らは求めたのです。

それにしても彼らは、数々の不思議な出来事によってエジプトから解放され、荒野の旅を導かれて来たのでした。そのように間近に神の業を見ておりながら、どうしてこうも簡単に、不安に動かされ、神を信じることをやめてしまったのでしょうか。

しかしながら、これはわたしたちの現実です。どれほど大きな救いの業を体験していても、目の前に不安や困難が起こってきた時には、過去の体験など簡単に忘れてしまって、不安や恐れにとらわれてしまうのは、わたしたちの常です。このイスラエルの姿は、わたしたちの姿なのです。

神との契約によって、神の民とされたイスラエルも、まだ依然として罪の中にありました。彼らは、エジプトの奴隷からは解放されましたが、罪の奴隷からは、解放されていなかったからです。

⑿ 祭司、預言者、王

イスラエルは、40年に渡る荒野の旅を終えて、カナンに入り、そこに土地を得て定着します。先住民や外敵と戦いながら、国作りを進めて行きます。

12部族のうち、レビ族は主に仕える民として聖所の管理や、礼拝を司る務めを負い、他の11部族が農業をして、収穫の十分の一を献げ、それをもってレビ族の生活を支える、という体制ができていきます。

彼らはたびたび外敵に襲われましたが、その度に士師と呼ばれる指導者が起こされ、民を指導して外敵と戦い、追い払います。士師は役目を果たすと、また普通の生活に戻り、その地位が子孫に継がれることはありませんでした。

しかしながら、時代が進むに従って、外敵と戦い国を守ることを専門にする兵士と、それを統率する王の存在が求められるようになり、イスラエルにも、王が立てられました。しかしイスラエルは神の民ですから、王は他の国のような絶対君主ではありえません。神の民は神が統治される民です。ですから王は、神の御心に従って国を守り、国を治めなければなりません。そのために、しばしば預言者が王の側にいて、王に神の御心を告げる務めを果たしました。

預言者は、神がご自分の民に御心を告げ知らせるために召された人々です。彼らは神から遣わされて、民のもとへ行き、神の言葉を語りました。時には王宮にいて、王に神の言葉を語る預言者も起こされました。

王と預言者と共に、イスラエルが神の民として生きるために起こされたのが、祭司です。祭司は、民が神を礼拝する時に、その礼拝を司り、民が罪を犯した時には、民に代わって神の前に立ち、罪の取りなしをして、民の罪が赦されるようにするのが、その最大の務めです。

歴史的には、初めは祭司が預言者の務めと、王の務めを兼ねていましたが、次第に預言者の務めと王の務めが独立して、それぞれに人が立てられるようになりました。

⒀　王国の歴史とメシアの預言

イスラエルの中で、最初に王として立てられたのは、サウル王です。しかしながらサウル王は、預言者サムエルの語る神さまの御心に従わなかったために、退けられ、代わりにダビデが王となりました。このダビデと、その子のソロモン王の時代に、イスラエルは政治的にも経済的にも安定し、繁栄を楽しむことができたと言われています。

その中で、預言者ナタンを通じて、神がダビデ王に約束をなさったことがあります。ナタンの預言として、サムエル記下第7章に記されていることです。

✝ナタンの預言

王は王宮に住むようになり、主は周囲の敵をすべて退けて彼に安らぎをお与えになった。王は預言者ナタンに言った。「見なさい。わたしはレバノン杉の家に住んでいるが、神の箱は天幕を張った中に置いたままだ。」ナタンは王に言った。「心にあることは何でも実行なさるとよいでしょう。主はあなたと共におられます。」

しかし、その夜、ナタンに臨んだ主の言葉は次のとおりであった。

「わたしの僕ダビデのもとに行って告げよ。……万軍の主はこう言われる。わたしは牧場の羊の群れの後ろからあなたを取って、わたしの民イスラエルの指導者にした。……あなたが生涯を終え、先祖と共に眠るとき、あなたの身から出る子孫に跡を継がせ、その王国を揺るぎないものとする。この者がわたしの名のために家を建て、わたしは彼の王国の王座をとこしえに堅く据える。わたしは彼の父となり、彼はわたしの子となる。彼が過ちを犯すときは、人間の杖、人の子らの鞭をもって彼を懲らしめよう。わたしは慈しみを彼から取り去り

はしない。あなたの前から退けたサウルから慈しみを取り去ったが、そのようなことはしない。あなたの家、あなたの王国は、あなたの行く手にとこしえに続き、あなたの王座はとこしえに堅く据えられる。」
（サムエル記下第7章1～16節）

ここで神は、神のために家を建てようという志をもったダビデ王に対して、ダビデ自身ではなく、その身から出る子が、神の家、すなわち神殿を建てる、と語られます。そしてその王座はとこしえに続く、と言われたのです。

歴史的に言うと、このナタンの預言は、ダビデの子ソロモンの時に、出来事になりました。ソロモンは神のために、壮大な神殿を建築したのです。ところがソロモンの次の代のレハブアム王の時代に、王国は分裂して、北のイスラエル王国と南のユダ王国に分かれ、その後北王国はアッシリアに、南王国はバビロンに滅ぼされてしまいます。「あなたの家、あなたの王国は、とこしえに続く」という預言は、その通りにならなかったのです。

ここでもそうですが、聖書に記されている預言の多くは、多重構造になっています。ナタンが預言をしたとき、その心にあったことは、ダビデの子ソロモンの時代に実現することでした。しかしながら、この預言は、もうひとつ別な内容、すなわち、ソロモンの時代から1000年近く後になって実現する内容を含んでいたのです。その預言は、主イエスにおいて出来事になりました。ヨハネによる福音書には、次のような主イエスの言葉が記されています。

ユダヤ人たちはイエスに、「あなたは、こんなことをするからには、どんなしるし

をわたしたちに見せるつもりか」と言った。イエスは答えて言われた。「この神殿を壊してみよ。三日で建て直してみせる。」それでユダヤ人たちは、「この神殿は建てるのに四十六年もかかったのに、あなたは三日で建て直すのか」と言った。イエスの言われる神殿とは、御自分の体のことだったのである。

（ヨハネによる福音書第２章18～21節）

神殿とは、そこで人が神の前に立ちうる場所のことです。そのような意味で、主イエスはご自分の体を「神殿」と呼ばれました。十字架の上で裂かれ、三日目に復活した主イエスの体によって、わたしたちの罪が赦され、神の前に恐れなく立てるようになったからです。

このようにして、わたしたちのために永遠の神殿を建ててくださった主イエスは、天に昇り、全能の神の右に座しておられます。その王座はとこしえに続くのです。従って、ここで、ダビデの身から出る子、と呼ばれているのは、主イエスのことであると、わたしたちは理解するのです。

†繰り返し語られる神の願い

そしてわたしは、わたしが主であることを知る心を彼らに与える。彼らはわたしの民となり、わたしは彼らの神となる。彼らは真心をもってわたしのもとへ帰って来る。

（エレミヤ書第24章７節）

こうして、あなたたちはわたしの民となり、わたしはあなたたちの神となる。

（エレミヤ書第30章22節）

彼らはわたしの民となり、わたしは彼らの神となる。

（エレミヤ書第32章38節）

彼らがわたしの掟に従って歩み、わたしの法を守り行うためである。こうして、彼らはわたしの民となり、わたしは彼らの神となる。

（エゼキエル書第11章20節）

預言者によって繰り返し語られる預言の言葉の中に「彼らはわたしの民となり、わたしは彼らの神となる」という言葉があります。

これは、将来において実現する神の願い、神のご計画を示しています。この言葉は、エデンの園で、食べてはならないと言われていた木の実を食べたアダムとエバが、神を恐れて身を隠した時に、神が「どこにいるのか」と言って彼らを捜された時から、神が願いとして来られたことです。

人間が神の民として取り戻され、神が彼らの神となられる。そのようにして、神と人間の間に平和が取り戻される時、それを、神は願いとされ、救いの出来事をこの地上に起こされたのでした。初めにアブラハムを召されて彼と契約を結び、イスラエルの民と契約を結ばれたのも、この願いによるものです。契約によって、イスラエルは神の民となり、神はイスラエルの神となられたのでした。

しかしながら神はこの言葉を、預言者の口を通して、再び、将来において実現する言葉として語っておられるのです。ということは、シナイ山において結ばれたイスラエルとの契約においては、これは実現しなかった、ということです。これはいったいどういうことでしょうか。

実は、イスラエルの歴史の中で、次第に明らかになってきたことがあるのです。それは、律法という形で、外側から与えられる戒めの無力さでした。律法において示された神の御心に従って生きることが、イスラエルに求められたことです。しかし実際にイスラエルの歴史の中で起こったことは、よい王が立って、国を神の御心に従って治めた時には、民全体もまた御心に従って生きるのですが、悪い王が立って、御心を無視して政治を行うと、民全体もまた、御心を無視して生きてしまう、ということです。

つまり、強い力で外側から強制されれば従うけれども、その力がなくなると、もとへ戻ってしまう、ということです。律法が、人々の心の外側にとどまって、心の中にまで入ることができない。人々が、真に自由な意志をもって、御心に従って生きるように導く力が、律法にはない。そのことが、明らかになってきたのです。

そこで預言者たちが語り出したことが、新しい契約です。預言者エレミヤと、預言者エゼキエルが、これを語っています。

†新しい契約

見よ、わたしがイスラエルの家、ユダの家と新しい契約を結ぶ日が来る、と主は言われる。この契約は、かつてわたしが彼らの先祖の手を取ってエジプトの地から導き出したときに結んだものではない。わたしが彼らの主人であったにもかかわらず、彼らはこの契約を破った、と主は言われる。しかし、来るべき日に、わたしがイスラエルの家と結ぶ契約はこれである、と主は言

われる。すなわち、わたしの律法を彼らの胸の中に授け、彼らの心にそれを記す。わたしは彼らの神となり、彼らはわたしの民となる。そのとき、人々は隣人どうし、兄弟どうし、「主を知れ」と言って教えることはない。彼らはすべて、小さい者も大きい者もわたしを知るからである、と主は言われる。わたしは彼らの悪を赦し、再び彼らの罪に心を留めることはない。

（エレミヤ書第31章31～34節）

わたしは彼らと平和の契約を結ぶ。それは彼らとの永遠の契約となる。わたしは彼らの住居を定め、彼らを増し加える。わたしはまた、永遠に彼らの真ん中にわたしの聖所を置く。わたしの住まいは彼らと共にあり、わたしは彼らの神となり、彼らはわたしの民となる。わたしの聖所が永遠に彼らの真ん中に置かれるとき、諸国民は、わたしがイスラエルを聖別する主であることを知るようになる。」

（エゼキエル書第37章26～28節）

この新しい契約においては、律法が、外側から与えられるのではなく、民の胸の中に授けられ、心に記されるのです。そのために人々は、他の人から教えられることなく、神の御心をわきまえるようになります。その時に問題になるのは、いったい誰が、どのような方法で、律法を人々の心の中に書き記してくれるのか、ということです。

✝メシアの預言

エッサイの株からひとつの芽が萌えいで
その根からひとつの若枝が育ち

その上に主の霊がとどまる。
知恵と識別の霊
思慮と勇気の霊
主を知り、畏れ敬う霊。
彼は主を畏れ敬う霊に満たされる。
目に見えるところによって裁きを行わず
耳にするところによって弁護することはない。
弱い人のために正当な裁きを行い
この地の貧しい人を公平に弁護する。
その口の鞭をもって地を打ち
唇の勢いをもって逆らう者を死に至らせる。
正義をその腰の帯とし
真実をその身に帯びる。
　狼は小羊と共に宿り
豹は子山羊と共に伏す。
子牛は若獅子と共に育ち
小さい子供がそれらを導く。
牛も熊も共に草をはみ
その子らは共に伏し
獅子も牛もひとしく干し草を食らう。
乳飲み子は毒蛇の穴に戯れ
幼子は蝮の巣に手を入れる。
わたしの聖なる山においては
何ものも害を加えず、滅ぼすこともない。
水が海を覆っているように
大地は主を知る知識で満たされる。
その日が来れば
エッサイの根は
すべての民の旗印として立てられ
国々はそれを求めて集う。
そのとどまるところは栄光に輝く。
（イザヤ書第11章1～10節）

もうひとつ、預言者の言葉を通して繰り返し語られているのが、救い主の預言です。エッサイの株、すなわちダビデの血筋の中から、主の霊を受けた新しい王が立てられる。この王は、神の御心をわきまえ、正義と真実をもって国を治める。そして、この王が立つときに、世界全体が、天地創造の初めの時のような平和に満たされる。預言者は、このような王の出現を期待し、それを預言したのです。

このような救い主のことを、メシアと呼びます。メシアとは、ヘブライ語で、油を注がれた者、という意味です。イスラエルにおいて、任命されるときに、その頭に油を注がれたのは、王と祭司と預言者である、と言われています。

このメシアをギリシャ語に翻訳した言葉が、キリストです。キリストとは、真実の王であり、真実の祭司であり、真実の預言者であるような、そういう方という意味です。

†主の僕の預言

見よ、わたしの僕は栄える。
はるかに高く上げられ、あがめられる。
かつて多くの人をおののかせたあなたの姿のように、彼の姿は損なわれ、人とは見えず
もはや人の子の面影はない。
それほどに、彼は多くの民を驚かせる。
彼を見て、王たちも口を閉ざす。
だれも物語らなかったことを見
一度も聞かされなかったことを悟ったからだ。
わたしたちの聞いたことを、誰が信じえようか。
主は御腕の力を誰に示されたことがあろうか。
乾いた地に埋もれた根から生え出た若枝のように、この人は主の前に育った。
見るべき面影はなく
輝かしい風格も、好ましい容姿もない。
彼は軽蔑され、人々に見捨てられ

多くの痛みを負い、病を知っている。
彼はわたしたちに顔を隠し
わたしたちは彼を軽蔑し、無視していた。
彼が担ったのはわたしたちの病
彼が負ったのはわたしたちの痛みであったのに、
わたしたちは思っていた
神の手にかかり、打たれたから
彼は苦しんでいるのだ、と。
　彼は自らの苦しみの実りを見
それを知って満足する。
わたしの僕は、多くの人が正しい者とされ
るために、彼らの罪を自ら負った。
それゆえ、わたしは多くの人を彼の取り
分とし
彼は戦利品としておびただしい人を受ける。
彼が自らをなげうち、死んで
罪人のひとりに数えられたからだ。
多くの人の過ちを担い
背いた者のために執り成しをしたのは、
この人であった。
（イザヤ書第52章13～15節、53章1～4節、11～12節）

イスラエルを救う救い主として預言されたのは、初めのうちは、力に満ちた立派な王でした。そのような王が、イスラエルを外敵から守り、国を正しく治めることができると考えられたからです。ペルシャ王キュロスがメシアとして預言されたこともあります（イザヤ書第45章1節）。しかしながら、預言者の語るメシアの姿は、次第に深められて、それまで考えられなかったひとつのメシア像が浮かび上がってきます。それが、人々の罪に対する審きを、人々に代わってその身に負い、その苦難と死を通して、人々を罪から解放する、という主の僕の姿です。

このような僕であるメシアが、人々の胸に

神の律法を授け、その心にそれを書き込んでくださるのです。イスラエルは、アブラハム以来、千数百年の歴史を通して、このようなメシアこそが、真実にこの世を救う救い主であることを預言するところにまで至るのです。

†ふたつのメシア像

見よ、わたしは使者を送る。
彼はわが前に道を備える。
あなたたちが待望している主は
突如、その聖所に来られる。
あなたたちが喜びとしている契約の使者
見よ、彼が来る、と万軍の主は言われる。
だが、彼の来る日に誰が身を支えうるか。
彼の現れるとき、誰が耐えうるか。
彼は精錬する者の火、洗う者の灰汁のようだ。
彼は精錬する者、銀を清める者として座し
レビの子らを清め
金や銀のように彼らの汚れを除く。
彼らが主に献げ物を
正しくささげる者となるためである。

(マラキ書第3章1〜3節)

同時に、もうひとつのメシア像も、依然として旧約聖書の中に明確に語られていることを、忘れることはできません。

旧約聖書の最後の文書である、マラキ書が預言しているメシアは、「精錬する者、銀を清める者」です。精錬とは、金属を含む鉱石から、金属を取り出す作業です。昔はそのため、火を用いました。火で金属を溶かし出し、そうやって金属と石とを分けるのです。メシアはそのような者だと言われます。わたしたちの中に、神さまの求め賜う真実を求めて、火をもって試みるのです。そうやって、わたしたちの中から、不純物を取り除き、神の民としてふさわしい者となるように清める。それがここで預言されているメシアです。

当然のことながら、そうやって試みられて、何の真実もわたしたちの中にないことが明らかになれば、すなわち、わたしたちがただの石に過ぎないことが明らかになれば、わたしたちは捨てられてしまうのです。

でも、ここで語られるメシアと、主の僕として語られているメシアとは、全く違う存在なのでしょうか。そうではありません。マラキ書が預言しているように、神は、わたしたちが神の民としてふさわしい者であることを、真実に求めておられるのです。ですから、もしわたしたちが、神の喜ばれる実を結ばなければ、捨てられてしまうのです。この事実は厳然として存在します。しかし、だからこそイザヤの預言する主の僕が、わたしたちの罪を負い、そのようにしてわたしたちに対する限りない愛を示して、わたしたちを内側から作り変えようとするのです。

わたしたちは、実を結ばなくてもよいのではないのです。ただ、マラキの語るメシアが、自分の力で実を結ぶことを求めるのに対して、主の僕は、わたしたちに実を結ぶ力を与えて、神の求めに答えられる者にしてくださるのです。わたしたちに、実を結ぶ力のないことを、知っておられるからです。

このようにして、旧約聖書は、神の民の歴史を通して、わたしたちを真実に救ってくださるメシアの姿を明らかにし、そのメシアの到来を待望しつつ、終わるのです。

救いの実現

アブラハムを召し出すことから始まった神の救いは、ナザレの主イエスにおいて実現しました。すなわち、主イエスこそ、旧約聖書が待望したメシア、キリストです。そのことを書き記しているのが新約聖書、特にその初めに収められている福音書です。

福音とは、よい知らせのことです。わたしたちの救いが、主イエス・キリストによって実現したのだ、というよい知らせを、世界中の人々に伝えようとして書かれたのが、福音書です。

この喜びの知らせは、福音書だけでなく、新約聖書に収められているすべての文書に共通しています。

⒁ アブラハムの子、ダビデの子

アブラハムの子ダビデの子、イエス・キリストの系図。

アブラハムはイサクをもうけ、イサクはヤコブを、ヤコブはユダとその兄弟たちを、ユダはタマルによってペレツとゼラを、ペレツはヘツロンを、ヘツロンはアラムを、アラムはアミナダブを、アミナダブはナフションを、ナフションはサルモンを、サルモンはラハブによってボアズを、ボアズはルツによってオベドを、オベドはエッサイを、エッサイはダビデ王をもうけた。

ダビデはウリヤの妻によってソロモンをもうけ、ソロモンはレハブアムを、レハブ

アムはアビヤを、……ヨシヤは、バビロンへ移住させられたころ、エコンヤとその兄弟たちをもうけた。

バビロンへ移住させられた後、エコンヤはシャルティエルをもうけ、シャルティエルはゼルバベルを、ゼルバベルはアビウドを、……マタンはヤコブを、ヤコブはマリアの夫ヨセフをもうけた。このマリアからメシアと呼ばれるイエスがお生まれになった。

（マタイによる福音書第1章1～16節）

これは、マタイによる福音書の最初の部分です。その初めに書かれているのが、イエス・キリストの系図です。聖書を初めて読んで見ようと思った人が、新約聖書を開いて読み始めて見ると、その初めにカタカナの名前がずらっと並んでいるので、もうそれだけで読むのをやめてしまったという話をよく聞きます。あるいは聖書を読み慣れている人も、この部分は読み飛ばして、まるでマタイによる福音書は第1章18節から始まっているかのように読んでしまう、ということも少なくありません。

しかし、この部分はとても大切です。何故かというと、この福音書を書いたマタイが、わたしたちの救いの出来事を書こうとしたときに、どうしてもこの系図から書き始めなければならない、と思ったからです。どうしてマタイは、わたしたちの救いの出来事を、この系図から書き始めなければならないと思ったのでしょうか。それを考えながら読むときに、この系図の意味が明らかになるのです。

新約聖書には4つの福音書があって、その書き出しの言葉は、みな違っています。マタ

イによる福音書は、上記のように、イエス・キリストの系図から始めていますが、これは、この福音書が、主イエスこそ、旧約聖書が預言し、その出現を待ち望んだメシアであることを明らかにしようという意図をもって書かれたことを示しています。このマタイによる福音書は、ユダヤ人のために書かれたと言われていますが、旧約聖書をよく知っているユダヤ人に対しては、このようにして主イエスを伝えることがよいと考えたのでしょう。

一方、マルコによる福音書は、「神の子イエス・キリストの福音の初め」という、簡潔で印象的な言葉を書き始められています。この福音書は、ローマ人のために書かれたと言われています。大帝国ローマの支配者であるローマ皇帝は、神の子としてあがめられておりました。それにふさわしい力と尊厳とを備えていたのです。それに対して、王宮で人々の上に君臨する皇帝ではなく、馬小屋で生まれ、十字架で人々の罪を負って死なれた主イエスこそが神の子であると宣言し、そのことを明らかにしようとしているのが、マルコによる福音書です。

ルカによる福音書の冒頭の言葉は、「わたしたちの間で実現した事柄について、最初から目撃して御言葉のために働いた人々がわたしたちに伝えたとおりに、物語を書き連ねようと、多くの人々が既に手を着けています。そこで、敬愛するテオフィロさま、わたしもすべての事を初めから詳しく調べていますので、順序正しく書いてあなたに献呈するのがよいと思いました。お受けになった教えが確実なものであることを、よく分かっていただきたいのであります」という言葉で始まります。この福音書はギリシャ人に向けて書かれている、と言われていますが、起こった出来事を、できるだけ詳しく、順序立てて書くことによって、すでに伝えられている、主イエスこそわたしたちの救い主であるということが確かだ、ということを明らかにしよう、という意図をもって書かれていることがわかります。

ヨハネによる福音書は「初めに言があった」という、有名な書き出しで始まります。すでに述べたように、これは創世記の初めの部分と対応する言葉です。単にイエス・キリストの事実を報告するだけでなく、より深い意味を明らかにしようとする著者の意図を読み取ることができると思います。

†主イエスは アブラハムの子、ダビデの子

ここで最初に明らかにされていることは、アブラハムに対する神さまの約束と、ダビデに対する神さまの約束が、主イエスにおいて出来事になったのだ、ということです。その約束の言葉とは、以下のようなものです。

主はアブラムに言われた。
「あなたは生まれ故郷、父の家を離れて
わたしが示す地に行きなさい。
わたしはあなたを大いなる国民にし
あなたを祝福し、あなたの名を高める
祝福の源となるように。
あなたを祝福する人をわたしは祝福し
あなたを呪う者をわたしは呪う。
地上の氏族はすべて
あなたによって祝福に入る。」
（創世記第12章1〜3節）

ヤコブはベエル・シェバを立ってハラン

へ向かった。……見よ、主が傍らに立って言われた。

「わたしは、あなたの父祖アブラハムの神、イサクの神、主である。あなたが今横たわっているこの土地を、あなたとあなたの子孫に与える。……地上の氏族はすべて、あなたとあなたの子孫によって祝福に入る。」

（創世記第28章10～14節）

アブラハムが祝福の源となる約束、それはアブラハムの子孫に受け継がれ、地上の諸国民はすべて、アブラハムの子孫によって祝福に入る、という約束を神はなさいました。

この約束を実現するアブラハムの子孫、それが「アブラハムの子」です。この約束は、当初イスラエルが受け継ぎましたが、それが、その中から生まれたひとりの人、イエス・キリストによって実現したのだ、というのが、マタイの福音書の主張です。

一方、ダビデに対する神の約束は、以下のようなものです。

「わたしの僕ダビデのもとに行って告げよ。……万軍の主はこう言われる。わたしは牧場の羊の群れの後ろからあなたを取って、わたしの民イスラエルの指導者にした。……あなたが生涯を終え、先祖と共に眠るとき、あなたの身から出る子孫に跡を継がせ、その王国を揺るぎないものとする。この者がわたしの名のために家を建て、わたしは彼の王国の王座をとこしえに堅く据える。わたしは彼の父となり、彼はわたしの子となる。」

（サムエル記下第7章5～14節）

この約束の言葉については、ナタンの預言

の項で詳しく書きましたので、それを参照してください。ダビデに代わって、神の神殿を確立し、永遠の王国の王座に着かれる方、神が「わたしの子」と呼ばれる方、それがダビデの子です。そのダビデの子こそ、主イエスである、というのです。

†主イエスはキリスト

もうひとつ、この最初の言葉が明らかにしていること、それは、主イエスはキリストである、ということです。キリストとは、旧約聖書が預言するメシアです。すなわち、王であり祭司であり預言者である方です。さらに、預言者エレミヤが語ったように、神の律法を心に書き込んでくださる方、そのようにして、新しい契約を可能にしてくださる方です。それは預言者イザヤが語った主の僕である方です。このように、旧約聖書が預言し、待ち望んだメシア、キリストこそ、主イエスである、と言っているのです。

†イスラエルの歴史の中に

この系図に特徴的なことは、4人の女性がその中に含まれていることです。タマル、ラハブ、ルツ、ウリヤの妻の4人がそれです。普通、ユダヤ人の系図の中には女性は出てきません。ということは、ここに女性が含まれていることには、はっきりとした意味がある、ということです。

この4人は、どれも普通の女性ではありません。まずタマルですが、この人は、ユダの息子の妻です。ですから「ユダはタマルによってペレツとゼラを」もうけたのですが、これは通常許されない関係の中で子供をもうけたということです。どうしてそんなことになったのかは、創世記第38章に記されていますので、そこをお読みください。

ラハブについては、ヨシュア記第2章が詳しく記しています。この人はイスラエルが占領したエリコの町の娼婦です。外国人で、しかも娼婦であった者が、この系図の中に入っているのです。

そのことは、ルツについても同じです。この人については、ルツ記という美しい文書が書かれています。この人はモアブの女性です。モアブはしばしばイスラエルの敵になった民族です。そのような民族に属する人が、この系図の中にいるのです。

最後は、ウリヤの妻です。この人については、サムエル記下第11～12章が詳しく記しています。この人はバト・シェバといって、もともとダビデ王の部下の妻です。それをダビデが横取りし、その上、夫であるウリヤを殺してしまうのです。これはダビデ王が犯した大罪です。この罪を赦されて後、ダビデはバト・シェバを妻に迎え、その間に生まれたのが、ソロモンです。

ですから、ソロモンが生まれた時、バト・シェバはダビデの妻でした。しかしこの系図においては、なお「ウリヤの妻」と書かれています。ダビデ王の犯した大罪を忘れていないのです。

普通系図というのは、ある家系がいかに由緒正しいものであるかを示すために作られるものです。しかし、この系図にこのように4人の、いわばいわく付きの女性が含まれていることは、イスラエルの歴史が、決して、神の民としてふさわしい、由緒正しいものではなかった、ということを示しているのです。

主イエスは、決してきれいな、美しい人間

の歴史の中に来られたのではありません。そうではなくて、弱さも欠点も罪も併せ持っている、そのような人間たちが作る歴史の中に生まれてくださったのです。

　イスラエルの歴史が由緒正しいものだから、主イエスも由緒正しい方である、というのではなくて、主イエスがその中に生まれてくださったことによって、はじめて、罪も弱さも持ち合わせている人間たちの作ったイスラエルの歴史が、意味のあるものになっているのです。この系図を掲げることによって、マタイは、イスラエルの歴史がそのようなものであったことを、明らかにしているのです。

†血のつながりを超えて

　もうひとつ、この系図において注目すべきことは、最後に、「ヤコブはマリアの夫ヨセフをもうけた。このマリアからメシアと呼ばれるイエスがお生まれになった」と書いてあることです。つまり、ヨセフと主イエスの間には、血のつながりはなかった、と書いてあることです。血のつながりがなければ、これは「イエス・キリストの系図」にはなりません。また、イエス・キリストは、アブラハムの子でもダビデの子でもない、ということになってしまいます。

　この、ヨセフと主イエスの間をつなぐものが、系図に続いて記されている主イエスの誕生の物語です。

　イエス・キリストの誕生の次第は次のようであった。母マリアはヨセフと婚約していたが、二人が一緒になる前に、聖霊によって身ごもっていることが明らかになった。夫ヨセフは正しい人であったので、マリア

のことを表ざたにするのを望まず、ひそかに縁を切ろうと決心した。このように考えていると、主の天使が夢に現れて言った。「ダビデの子ヨセフ、恐れず妻マリアを迎え入れなさい。マリアの胎の子は聖霊によって宿ったのである。マリアは男の子を産む。その子をイエスと名付けなさい。この子は自分の民を罪から救うからである。」このすべてのことが起こったのは、主が預言者を通して言われていたことが実現するためであった。

「見よ、おとめが身ごもって男の子を産む。
その名はインマヌエルと呼ばれる。」

この名は、「神は我々と共におられる」という意味である。ヨセフは眠りから覚めると、主の天使が命じたとおり、妻を迎え入れ、男の子が生まれるまでマリアと関係することはなかった。そして、その子をイエスと名付けた。

（マタイによる福音書第１章18～25節）

この物語がはっきりと語っていることは、主イエスの誕生の時に、ヨセフがひとつの重大な決断を求められた、ということです。マリアが主イエスを身ごもったという出来事が、神が起こされた出来事であることを信じて受け入れ、自分がその子の父親となってその子を守り育てるという決断です。迷い悩んだ末に、ヨセフはその決断をしました。そしてこのヨセフの信仰の決断によって、主イエスとヨセフの間がつながったのです。

そして、これ以後、主イエスと弟子たちの間も、弟子たちとそのまた弟子たちの間も、血のつながりではなく、信仰の決断によってつながるものとなりました。このようにして、このアブラハムの子孫の系図は、血のつなが

◆救いの実現　⒁ アブラハムの子、ダビデの子

りによる系図ではなくて、信仰のつながりによる系図として、現在も多くの人をその中に加え続けているのです。そしてその最後に、わたしたちも加えられています。わたしたちも、信仰によって、アブラハムの子孫のひとりになるのです。

†罪からの救い主

主イエスの誕生の物語において、もうひとつ注目すべきことは、主イエスについて「自分の民を罪から救う」方である、と明言されていることです。

わたしたちは、何か困ったことや辛いことから解放されること、病気が治ったり、経済状況がよくなったりすることを救いだと考えます。もちろんそういう意味での救いを、神は与えてくださいますが、しかし、それが救いの中心ではありません。主イエスが与えてくださる救いとは、罪からの救いです。罪とは、神を無視し、自分が神になって、それ故に神の御言葉に耳を傾けることなく生きていることです。

主イエスは、そういう生き方からわたしたちを救い出してくださる救い主なのです。そのことは、神がもう一度わたしたちの神になってくださり、わたしたちがもう一度神のものになることによって実現します。

イザヤが預言した、インマヌエルと呼ばれる男の子こそ主イエスである、と言われ、その意味は「神は我々と共におられる」ということだ、と言われるのも、そういうことです。神とわたしたちの間が、もう一度深い絆で結ばれるようになるために、まず神がわたしたちと共にいてくださるという決断をされ、主イエスを遣わされたのです。この神の決断によって、わたしたちは救われるのです。

⒂ 主イエスの洗礼

主イエスは、イスラエルの南にあるユダヤ地方のベツレヘムでお生まれになり、北のガリラヤ地方にあるナザレでお育ちになりました。

福音書は、このナザレで主イエスがどのような少年時代を過ごされたか、ということについて一切語っていません。わずかに、ルカによる福音書が、主の12歳の時の出来事を報告しているだけです。それは、わたしたちの救いに関わりのないことに、福音書の記者たちは関心を持っていなかったからです。それで主イエスの誕生の出来事に続いて、主イエスの受洗の記事が記されるのです。

†洗礼者ヨハネが現れる

そのころ、洗礼者ヨハネが現れて、ユダヤの荒れ野で宣べ伝え、「悔い改めよ。天の国は近づいた」と言った。これは預言者イザヤによってこう言われている人である。

「荒れ野で叫ぶ者の声がする。

『主の道を整え、
その道筋をまっすぐにせよ。』」

ヨハネは、らくだの毛衣を着、腰に革の帯を締め、いなごと野蜜を食べ物としていた。そこで、エルサレムとユダヤ全土から、また、ヨルダン川沿いの地方一帯から、人々がヨハネのもとに来て、罪を告白し、ヨルダン川で彼から洗礼を受けた。


（マタイによる福音書第３章１～６節）

〈旧〉列王記下1：7～8、マラキ書3：19～24
〈新〉マタイによる福音書3：7～10

主イエスがおよそ30歳になられた時に、洗礼者ヨハネという人が現れて、人々に悔い改めを宣べ伝え、ヨルダン川で洗礼を授けるという運動を始めました。ヨハネが人々に語ったメッセージは「悔い改めよ。天の国は近づいた」ということです。これは、後に主イエスが語られたメッセージと同じです。しかし、その意味内容は大いに異なっています。天の国とは、神が支配なさるところ、という意味です。その神のご支配が、もうすぐやってくる。あなたがたはそれにふさわしい生き方をしているのか。そのままで、神の前に立てるのか。だから悔い改めなさい。そして洗礼を受けなさい。そう言ったのです。

ヨハネは「らくだの毛衣を着、腰に革の帯を締め、いなごと野蜜を食べ物としていた」とマタイは書いています。これは旧約時代の預言者エリヤと同じ姿です。旧約聖書の列王記下に次のように書かれています。

アハズヤは、「お前たちに会いに上って来て、そのようなことを告げたのはどんな男か」と彼らに尋ねた。「毛衣を着て、腰には革帯を締めていました」と彼らが答えると、アハズヤは、「それはティシュベ人エリヤだ」と言った。

（列王記下第1章7～8節）

もうひとつ、旧約聖書の最後の文書、マラキ書の終わりには、次のように書かれています。

見よ、その日が来る
炉のように燃える日が。
高慢な者、悪を行う者は
すべてわらのようになる。
到来するその日は、と万軍の主は言われ

る。彼らを燃え上がらせ、根も枝も残さ
ない。……
見よ、わたしは
大いなる恐るべき主の日が来る前に
預言者エリヤをあなたたちに遣わす。
彼は父の心を子に
子の心を父に向けさせる。
わたしが来て、破滅をもって
この地を撃つことがないように。
（マラキ書第3章19～24節）

預言者マラキは、主の審きの日が来る前に、預言者エリヤが遣わされて来ると預言しました。それは、エリヤが現れると、主の審きの日が近い、ということです。洗礼者ヨハネが「らくだの毛衣を着、腰に革の帯を締め」て現れた時に、大勢の人々が彼のもとを訪れて、罪を告白し、洗礼を受けたのは、そのためです。

†悔い改めにふさわしい実を結べ

ヨハネは、ファリサイ派やサドカイ派の人々が大勢、洗礼を受けに来たのを見て、こう言った。「蝮の子らよ、差し迫った神の怒りを免れると、だれが教えたのか。悔い改めにふさわしい実を結べ。『我々の父はアブラハムだ』などと思ってもみるな。言っておくが、神はこんな石からでも、アブラハムの子たちを造り出すことがおできになる。斧は既に木の根元に置かれている。良い実を結ばない木はみな、切り倒されて火に投げ込まれる。
（マタイによる福音書第3章7～10節）

この洗礼者ヨハネという人は、旧約聖書を代表して現れた人だ、と言われます。このヨハネの言葉の中に、旧約の律法が語っていることが、明確に示されている、ということです。

ここでヨハネが語っていることは、神の怒りを免れるために、悔い改めにふさわしい実を結べ、ということです。律法を守ることができなければ、神の怒りは免れません。だからそれを恐れて、悔い改めの洗礼を受けるのです。しかし、そうやって洗礼を受けた後は、悔い改めにふさわしい実を、自分で結ばなければなりません。

律法は、神の御心にかなう生き方とはどのような生き方かを教えますが、でも、そのような生き方をする力は、与えません。人はそれぞれ、自分の力で神の御心にかなう生き方をしなければならないのです。ここに、律法の持つ限界があります。

しかしながらこのことは、律法そのものが意味のないものである、ということではありません。律法が要求することは、正しいのです。それは最後まで貫徹されるのです。つまりわたしたちは、神の御心にかなう者にならなければならないし、事実そうなるのです。でも、真実にそれを実現するのは、文字で書かれた律法ではなくて、イエス・キリストの福音なのです。主イエスご自身が以下のように語っておられる通りです。

わたしが来たのは律法や預言者を廃止するためだ、と思ってはならない。廃止するためではなく、完成するためである。
（マタイによる福音書第5章17節）

†ヨハネの抱いていたメシア像

わたしは、悔い改めに導くために、あなたたちに水で洗礼を授けているが、わたし

の後から来る方は、わたしよりも優れておられる。わたしは、その履物をお脱がせする値打ちもない。その方は、聖霊と火であなたたちに洗礼をお授けになる。そして、手に箕を持って、脱穀場を隅々まできれいにし、麦を集めて倉に入れ、殻を消えることのない火で焼き払われる。」

（マタイによる福音書第3章11～12節）

そのヨハネが、どのようなメシア像を抱いていたかが、この言葉の中に示されています。ヨハネの考えていたメシアは、手に箕を持って、麦と殻を分けるように人々を分けるメシアです。

そのようにして、イスラエルが真に神の民としてふさわしい民になるようにイスラエルを清めるのです。箕というのは、日本では竹で編んだ平らなザルのようなものです。その中に、脱穀したばかりの麦を入れ、風の吹くところでそれを上に放り上げると、殻は風に飛ばされて横へ落ち、実の入った麦だけが中に残ります。そうやって麦と殻を分けるのです。

ちょうどそれと同じように、中身のある人間と、中身が空っぽの人間を分けて、中身のある者だけを取り分け、そうでない者は火で焼いてしまうという、それがヨハネの語ったメシアです。このような方がおいでになるのだから、真剣に悔い改め、そしてそれにふさわしい実を結べ、と語ったのです。

†主イエスの洗礼

そのとき、イエスが、ガリラヤからヨルダン川のヨハネのところへ来られた。彼から洗礼を受けるためである。ところが、ヨハネは、それを思いとどまらせようとして

言った。「わたしこそ、あなたから洗礼を受けるべきなのに、あなたが、わたしのところへ来られたのですか。」しかし、イエスはお答えになった。「今は、止めないでほしい。正しいことをすべて行うのは、我々にふさわしいことです。」そこで、ヨハネはイエスの言われるとおりにした。

（マタイによる福音書第３章13〜15節）

そのようなヨハネにとって、主イエスとの出会いは衝撃的なものです。ヨハネが予想していたのは、メシアが自分の背後から現れることです。そして水で洗礼を授けていたヨハネに代わって、聖霊と火をもって洗礼を授ける。そうしたら、自分はそのメシアの前に身をかがめて、洗礼を授けていただこう。そう思っていたのです。しかし主イエスは、ヨハネの背後からではなく、正面からおいでになりました。ヨハネから洗礼を授けてもらおうと並んでいた人々の中に、主イエスは立たれたのです。そして、躊躇するヨハネを説き伏せて、洗礼を受けてしまわれました。

しかし、ヨハネの洗礼は、罪の悔い改めの洗礼です。悔い改めを必要としない主イエスが、なぜその洗礼を受けたのでしょうか。

実は主イエスは、このようにして、ご自分がどのような救い主であるかを明らかにされたのです。その時主イエスの周りには、自分の罪を悔い改めて、神の御心にかなう、新しい人生を始めたいと願う人々が、ヨハネから洗礼を受けて、ヨルダン川に身を沈めていました。川に身を沈めることは、死ぬことを意味します。一度死んで、新しい人生に生まれ変わる。そのことを願って、人々はヨルダン川に身を沈めました。その人たちと同じ川の水に身を沈めることによって、主イエスは、ご自分のご生涯が、この人たちの願いを実現するためのものであることを、明らかになさったのです。洗礼において、主イエスは、ご自分と一緒に洗礼を受けている多くの人々に、結びついてくださったのです。

このことは、わたしたちがなぜ洗礼を受けるか、というその意味を、明らかにします。洗礼を受けることによって、わたしたちはこの時ヨルダン川で洗礼を受けていた人たちのひとりになります。そのようにして、わたしたちも、主イエスに結びつくのです。

言葉を換えて言うと、主イエスは、洗礼を受けることによって、わたしたちに救いの手を差し伸べてくださったのです。だからわたしたちも、洗礼を受けて、感謝して、その手を取るのです。そのようにして、わたしたちは主イエスと深い絆で結ばれるのです。

†主イエスのもう一つの洗礼―― 十字架

　ゼベダイの子ヤコブとヨハネが進み出て、イエスに言った。「先生、お願いすることをかなえていただきたいのですが。」イエスが、「何をしてほしいのか」と言われると、二人は言った。「栄光をお受けになるとき、わたしどもの一人をあなたの右に、もう一人を左に座らせてください。」イエスは言われた。「あなたがたは、自分が何を願っているか、分かっていない。このわたしが飲む杯を飲み、このわたしが受ける洗礼を受けることができるか。」

（マルコによる福音書第10章35～38節）

　ヨルダン川でヨハネから洗礼をお受けになった主イエスは、もうひとつ別な洗礼をお受けになりました。この御言葉の中で主イエスが「わたしが受ける洗礼」と言っておられるものは、十字架の死です。ですから、ヨルダン川でヨハネから洗礼をお受けになった主イエスは、十字架の上で、もう一度洗礼をお受けになったのです。

　このことは、とても重要な意味をもっています。先に、洗礼というのは、水の中に身を沈めて死ぬことだ、と言いました。それは、死んで新しい命に生まれ変わりたい、という願いをもってすることです。しかし、わたしたちは洗礼を受けて、本当に死ぬわけではありません。でも、本当に死なれた方がいるのです。それは主イエスです。

　ヨルダン川で洗礼をお受けになった主イエスは、人々の願いをその身に負って、十字架への道を歩み出されました。そして十字架で死に、復活なさいます。それは、洗礼によって主イエスと結びついた者たちが、主イエスと一緒に死んで、新しい命によみがえるためです。そして、わたしたちが、洗礼を受けるときにも、このことが、わたしたちの身に、現実のこととなるのです。初代教会の伝道者パウロが次のように書いている通りです。

それともあなたがたは知らないのですか。キリスト・イエスに結ばれるために洗礼を受けたわたしたちが皆、またその死にあずかるために洗礼を受けたことを。わたしたちは洗礼によってキリストと共に葬られ、その死にあずかるものとなりました。それは、キリストが御父の栄光によって死者の中から復活させられたように、わたしたちも新しい命に生きるためなのです。
（ローマの信徒への手紙第６章３～４節）

わたしたちの信仰では、洗礼を、サクラメント（聖礼典）と言います。サクラメントとは、神が恵みをわたしたちにお与えくださるために定められたもので、わたしたちプロテスタント教会では、洗礼と聖餐がサクラメントです。サクラメントの特徴は、常識を超えた、神秘的な内容を持っていることです。洗礼は、単に牧師が頭の上に水を垂らしているだけ、ということではありません。洗礼によって、わたしたちは主イエスに結びつくのです。洗礼には、そのような現実を作り出す力があるのです。同様に聖餐も、単にパンとぶどう酒を食べたり飲んだりしているだけ、ということではありません。それによって、わたしたちは、キリストの体と血に与り、キリストの命をいただくのです。

　洗礼には、わたしたちの教会のように、頭の上に水を垂らすという形で授ける「滴礼」と呼ばれる形と、全身を水に浸す「浸礼」と呼ばれる形があります。主イエスがお受けになったのは、浸礼ですが、教会ではどちらも正しい洗礼の形として受け入れています。滴礼においては、頭の上だけを水に浸すことになりますが、頭の上が水に浸された、ということは、全身が水に浸された、ということです。このような形が考えられたのは、例えば病床にある人が洗礼を受ける場合に、浸礼で受けることは不可能ですし、その他の場合にも、その形がとれないことがあり得るからです。

洗礼は主イエスとの結びつきを作るものであって、ただ一度だけのものです。ですから、別な教会に移ったから、とか、今の牧師から洗礼を受けたいから、というような理由で、洗礼を受け直す、ということはあり得ません。また教会によっては、転入会のときに再洗礼を授けることがあります。このことは、他の教会で受けた洗礼を軽んじることであって、認めることはできません。品川教会では、その可能性があるときには十分に注意して、再洗礼を授けない、ということを条件に、転出を認めています。

⒃　荒野の誘惑

さて、イエスは悪魔から誘惑を受けるため、〝霊〟に導かれて荒れ野に行かれた。そして四十日間、昼も夜も断食した後、空腹を覚えられた。

すると、誘惑する者が来て、イエスに言った。「神の子なら、これらの石がパンになるように命じたらどうだ。」イエスはお答えになった。

「『人はパンだけで生きるものではない。神の口から出る一つ一つの言葉で生きる』と書いてある。」次に、悪魔はイエスを聖なる都に連れて行き、神殿の屋根の端に立たせて、言った。

「神の子なら、飛び降りたらどうだ。『神があなたのために天使たちに命じると、あなたの足が石に打ち当たることのないように、天使たちは手であなたを支える』と書いてある。」イエスは、「『あなたの神である主を試してはならない』とも書いてある」と言われた。

　更に、悪魔はイエスを非常に高い山に連れて行き、世のすべての国々とその繁栄ぶりを見せて、「もし、ひれ伏してわたしを拝むなら、これをみんな与えよう」と言った。すると、イエスは言われた。「退け、サタン。『あなたの神である主を拝み、ただ主に仕えよ』と書いてある。」そこで、悪魔は離れ去った。すると、天使たちが来てイエスに仕えた。


（マタイによる福音書第４章１〜11節）


洗礼をお受けになった主は、荒野で悪魔の誘惑を受けられました。この出来事は、救い主としてのお働きを始められる前に、主イエスが、救いとは何か、救い主の使命とは何か、ということについて、悪魔との間で戦いを経験なさったことを示しています。その戦いは、３つの点においてなされました。

　ひとつは、結局、人間の願いというのは、食べ物を食べて生き延びたい、ということにあるのだから、この願いに応えることが、救い主の使命だ、というものです。わたしたちが、生きていくことを、食べていく、と言う通りです。どうやって食べて行くか。それがわたしたちの関心事なのです。職業の問題や、老後の年金の問題なども、このことに関わるでしょう。だから、家内安全・商売繁盛を保証してやれば、救い主になれる、というのが、悪魔の主張です。

これに対して主イエスは、「人はパンだけで生きるものではない。神の口から出る一つ一つの言葉で生きる」という聖書の言葉をもってお答えになりました。人間というのは、食べ物を食べて生きればそれで人間になるわけではない。人間として生きようと思ったら、神の言葉を聞かなければならない。神の言葉を聞いた時に、人間は、食べて生き延びる、という生き方を超えた、人間本来の生き方ができるのだ、とお答えになったのです。

次に悪魔が提起した問題は、人間は信じ得るかということです。人間というのは、見なければ信じないものだから、あなたが神の子だという事実を、見せてやればいいのだ、と言ったのです。これも、わたしたちの現実を言い当てています。見えない神など信じられない、という言葉が、この世界には充ち満ちているからです。しかし、見なければ信じない、と言っていたら、人を愛することはできません。

これに対して主イエスは、「あなたの神である主を試してはならない」という聖書の言葉をもってお答えになりました。主を試す、とは、主が共におられるという言うのならその証拠を見せろ、ということです。証拠を見せろ、と言うことによって、人間は愛を失い、人間らしさを失うのです。証拠を見ていないけれども信じる、という時、初めて人は愛す

ることができるようになる。そしてその時、人は本来の人間の姿になるのです。

最後に悪魔が主イエスに提示したことは、世界の頂点に立ちなさい、ということです。あなたがこの世の栄誉と繁栄を自分のものにすれば、世界中の人があなたを救い主として受け入れる、と言ったのです。何故なら人はいつでも、序列の中に自分を見出すものであるし、そのようにして、少しでも上を目指すものだからです。

これに対して主イエスは、「あなたの神である主を拝み、ただ主に仕えよ」という聖書の言葉をもってお答えになりました。神を押しのけてでも自分が上に立つ、という生き方によって、人は人間らしさを失い、エデンの園を失い、そして世界は平和を失ったのでした。今や人を人として生かす道は、仕える道です。神を礼拝し、神に仕える時に、人間は本来の人間になります。神を神とした時に、人は人となるのです。そして神に仕える人は、神の言葉に従って人に仕える者になります。それがわたしたちの本来の姿なのです。

ここでわたしたちが気づくことは、悪魔が提案した三つのやり方は、いずれも今この世を支配している力に従ったやり方だということです。今世界を支配しているのは、食べて生き延びる生き方であり、見なければ信じないという生き方であり、頂点を目指すという生き方です。しかし、主イエスはそのいずれの提案をも、拒否なさいました。これは、この世を支配し、人間の生き方を支配している力と、最後まで戦う、ということです。

主イエスは、ここで、この世の力に逆らって、ご自身が真実に人間らしい生き方を貫き、それを通して、わたしたちを、真実に人間らしい人間として取り戻す、という、ご自身の救い主としてのお働きの基本的な方向を明らかになさったのです。食べて生き延びるだけでない人間、信じることのできる人間、神に仕え、人に仕える人間です。わたしたちは、主イエスがご自身そのような生き方を貫かれ、わたしたちをもそのような生き方に導いてくださったことを知っています。そのために主イエスはこの世の支配と戦われ、十字架につかれたのです。

ここで「悪魔」と訳されている言葉は、ギリシャ語の「ディアボロス」です。これは「そしる者・悪口を言う者」という意味です。人間の弱点や欠点をことさらにあげつらい、それによって人間をおとしめる者、それが悪魔です。ですから悪魔は「人間なんて、どうせこの程度のもの」という、皮肉な見方で人を見ます。このような悪魔の姿を、詳しく描き出しているのが、旧約聖書のヨブ記の初めの部分（第1〜2章）です。

そこでは、悪魔がヨブを告発する側に立つのに対して、神はヨブを信頼する側に立っておられます。それと同じように、この荒野の誘惑においても、悪魔が人間を、食べて生き延びるだけの存在、見なければ信じられない存在、神や人を引きずり下ろしてでも上を目指す存在として見ているのに対して、主イエスは人間を信じる立場を貫かれます。わたしは、ここで主イエスが語られた「人はパンだけで生きるものではない。神の口から出る一つ一つの言葉で生きる」という言葉以上に、人間に対する深い信頼を表した言葉を知りません。

そのことは、この悪魔と主イエスの戦いが、愛の問題をめぐる戦いであることを示しています。神の言葉がわたしたちに語ることは、「心を尽くし、精神を尽くし、思いを尽くして、あなたの神である主を愛する」ことと、「隣人を自分のように愛する」ことです。（マタイによる福音書第22章37〜39節）食べて生き延びることを第一とする生き方では、わたしたちは人を愛することができません。同じように、「見なければ信じない」と言う生き方をする時にも、わたしたちは、愛から遠い存在になります。また、人を踏みつけてでも頂点を目指すことを第一とする生き方もまた、愛から遠いものです。このことは、人が本来の人間の姿で生きるということは、愛することのできる者として生きることであることを示しています。これは、「神は愛」（ヨハネの手紙一第４章８節）であると言われ、人はその神の形に造られているのですから、当然のことです。主イエスは、人間を、そのような者として信じてくださり、そのような者として生かそうとなさったのです。

もうひとつここで興味深いのは、悪魔が「もし、ひれ伏してわたしを拝むなら、これをみんな与えよう」と言っていることです。この世の頂点に立った時、結局それは悪魔に頭を下げていることだというのです。わたしたちは、神をも人をも押しのけて、自分が頂点に立ち、「誰の言うことにも従わないぞ」と言っている時に、実は悪魔にひれ伏す者になっているのです。

これは、世界の歴史の中で、独裁者と呼ばれる人たちの末路と、その人たちに支配された国の状況を考えれば、納得できることです。独裁者は、自分をも、自分の支配する人々をも、不幸にします。結局わたしたちは、神に従うか、悪魔に従うかの、どちらかなのです。

⒄ 主イエスの宣教

イエスは、ヨハネが捕らえられたと聞き、ガリラヤに退かれた。そして、ナザレを離れ、ゼブルンとナフタリの地方にある湖畔の町カファルナウムに来て住まわれた。それは、預言者イザヤを通して言われていたことが実現するためであった。
「ゼブルンの地とナフタリの地、
湖沿いの道、ヨルダン川のかなたの地、
異邦人のガリラヤ、
暗闇に住む民は大きな光を見、
死の陰の地に住む者に光が射し込んだ。」
そのときから、イエスは、「悔い改めよ。天の国は近づいた」と言って、宣べ伝え始められた。
（マタイによる福音書第４章12～17節）

主イエスは、ガリラヤ湖の北岸にある町カファルナウムに住まわれ、そこを拠点として救いを宣べ伝える働きをお始めになりました。ガリラヤ地方は、イスラエルの北の外れにある地方で、都エルサレムのある、南のユダヤ地方から見れば、いわば辺境の地です。そこに腰を据えて、宣教を始められたことは、神から遠く離れて、暗闇の中を生きている人々に救いを宣べ伝えられた、主イエスのお働きを象徴的に示す出来事として、ここに描かれています。

そこで主イエスが語られたメッセージは「悔い改めよ。天の国は近づいた」ということです。これは主イエスのご生涯全体を通して語り続けられた、主イエスのメッセージです。これは、先に紹介した、洗礼者ヨハネのメッセージと全く同じですが、その意味するところは、全く違うものです。

天の国とは、神さまのご支配のことです。近づいた、ということは、来たということと同じです。神さまのご支配が、人々をその中に招き入れ、そこで人々が本来の人間として生きるようにするために、この地上に来ているのです。だから悔い改めて、つまり、神さまから離れて生きてきた、これまでの生き方を転換して、この神さまのご支配を受け入れ、天の国に入って、そこで新しく生き始めなさい。これが主イエスのメッセージです。

主イエスの救い主としてのお働きは、このメッセージに語られていることを可能にし、実現するということに、集中しているのです。

ここで、天の国と訳されている言葉は、以前は、天国と訳されていました。天国というと、人が死んでから行くところだという考えが、広く行き渡っています。まるで、人は死んでも、この世とは別の、天国というところで生きていると考えられているようです。中には、生前よいことをした人は天国に行けるけれども、そうでない人は地獄に落ちるという考えもあるようです。聖書の中に、そういう考えが皆無ではありませんが、でもそれは主流ではありません。

天国は神の国です。神が支配されるところです。神を無視して、天国はあり得ません。今の聖書で、天の国と訳したのは、このような誤解を避ける意味もあると思います。天の国は、わたしたちが死んでから行くところではありません。わたしたちが行くのではなくて、天の国が来たのです。そして、今ここにあるのです。だから悔い改めて、今、天の国に入りなさい。これが、わたしたちに語られているメッセージです。

⑱ 弟子の召命

†医者を必要とする者だから

イエスは、ガリラヤ湖のほとりを歩いておられたとき、二人の兄弟、ペトロと呼ばれるシモンとその兄弟アンデレが、湖で網を打っているのを御覧になった。彼らは漁師だった。イエスは、「わたしについて来なさい。人間をとる漁師にしよう」と言われた。二人はすぐに網を捨てて従った。そこから進んで、別の二人の兄弟、ゼベダイの子ヤコブとその兄弟ヨハネが、父親のゼベダイと一緒に、舟の中で網の手入れをしているのを御覧になると、彼らをお呼びになった。この二人もすぐに、舟と父親とを残してイエスに従った。

（マタイによる福音書第4章18～22節）

イエスはそこをたち、通りがかりに、マタイという人が収税所に座っているのを見かけて、「わたしに従いなさい」と言われた。彼は立ち上がってイエスに従った。イエスがその家で食事をしておられたときのことである。徴税人や罪人も大勢やって来て、イエスや弟子たちと同席していた。ファリサイ派の人々はこれを見て、弟子たちに、「なぜ、あなたたちの先生は徴税人や罪人と一緒に食事をするのか」と言った。イエスはこれを聞いて言われた。「医者を必要とするのは、丈夫な人ではなく病人である。『わたしが求めるのは憐れみであって、いけにえではない』とはどういう意味か、行って学びなさい。わたしが来たのは、正しい人を招くためではなく、罪人を招くためである。」

（マタイによる福音書第９章９～13節）

主イエスは、伝道のご生涯の早い段階で、弟子をお召しになりました。これは、明確な意図をもってなされたことです。つまり、伝道が進み、仕事が忙しくなってきたので、手伝う者として弟子をお召しになったのではない、ということです。主イエスは、初めから弟子をお召しになる予定でした。弟子という存在が、主イエスの宣教にとって、本質的なものであったからです。

大切なことは、主によって救われる、ということは、弟子になることだ、ということです。この時、ペトロや他の弟子たちを召された主イエスは、今もわたしたちを弟子として召してくださいます。主イエスを主と信じて、洗礼を受けるということは、主イエスの弟子になることです。救われるということは、主イエスの弟子として生きることです。主が弟子を召されたことは、そのことを示しています。

不思議なことは、主イエスの周りには、主のお話を聞こうとして、あるいは病の癒しや、悪霊から解放されることを求めて、大勢の人たちがいたのに、その中から弟子をお召しになっていないことです。

福音書は、全部の弟子について、その召命の記事を載せているわけではありませんが、記録のある人たちについて言えば、皆、自分から主イエスのもとへ来て、弟子にしてください、と願ったのではなくて、主イエスの方から声をおかけになっているのです。

前のふたつの記事では、弟子たちは召された時に、仕事をしている最中でした。主イエスはそういう者たちに声をかけ、弟子になさったのです。これは不思議なことですが、しかしわたしたちも、初めて教会に来た時に、すでに、洗礼を受けて主イエスの弟子になろうと思っていたという人はいないでしょう。誰かに誘われて、あるいは何かのきっかけで、あるいは親に連れられて、教会を訪れ、教会に通い続けているうちに、信仰が与えられるのです。初めの弟子たちが、仕事中に、思いもかけず主イエスの招きを受けたように、わたしたちも主イエスの招きを受け、それを受け入れて、弟子になるのです。

主イエスが弟子をお召しになるとき、それは何か資格のようなものがあって、そうなさったのではありません。弟子たちは、特に深い聖書の知識があったわけでもありませんし、学問があったわけでもありませんでした。そういう意味でなら、ふさわしい人たちは、ほかにいくらでもいたのです。

でも主は、そういう人たちではなく、ペトロや他の者たちをお選びになりました。なぜこれらの弟子たちが選ばれたのか。その理由はわかりません。それは、なぜあの人ではなく、このわたしが洗礼を受けるのか、わたしたちにはわからないのと同じです。

その中で、徴税人マタイを弟子になさった時に主イエスが語っておられることは、マタイが医者を必要とする病人だったから、ということです。主がなぜマタイを弟子になさったか。それは、彼が主イエスを必要としていたからです。この人には自分が必要だ、とお思いになったから、主は彼を召されたのです。このことを、忘れることはできません。

ヨハネによる福音書には、主イエスが十字架にかかられる前の晩に、弟子たち全員の足を洗われたという出来事が記されています。その時、ペトロとの間で、次のようなやりとりがありました。

シモン・ペトロのところに来ると、ペトロは、「主よ、あなたがわたしの足を洗ってくださるのですか」と言った。イエスは答えて、「わたしのしていることは、今あなたには分かるまいが、後で、分かるようになる」と言われた。ペトロが、「わたしの足など、決して洗わないでください」と言うと、イエスは、「もしわたしがあなたを洗わないなら、あなたはわたしと何のかかわりもないことになる」と答えられた。そこでシモン・ペトロが言った。「主よ、足だけでなく、手も頭も。」

（ヨハネによる福音書第13章6～9節）

ここでペトロは、主イエスに足を洗っていただくことを拒否しました。泥で汚れた自分の足を主に見られるのがいやだったのでしょう。その時主イエスは「もしわたしがあなたを洗わないなら、あなたはわたしと何のかかわりもないことになる」と言われました。主イエスの弟子とは、主に足を洗っていただいた者のことであって、それ以外に、主イエスと弟子の関係はない、と言われたのです。

ペトロは、自分が多少なりとも何か弟子らしいことをしているから、弟子になっていると、どこかで考えていたのかも知れません。でも主イエスは、「わたしがあなたの足を洗う。だからあなたはわたしの弟子なのだ」と言われたのです。主イエスの弟子とは、主に足を洗っていただいた者たちです。そのことを忘れて、自分が何か弟子らしいことをやっているから弟子なのだと思いこんだとしたら、それは大きな間違いです。わたしたちが医者を必要とする病人だったから、主はわたしたちをお召しになったのです。

そして、主がわたしの主でいてくださる限り、わたしはどのような状態にあっても、主の弟子なのです。

†新しい神の民・教会

イエスが山に登って、これと思う人々を呼び寄せられると、彼らはそばに集まって来た。そこで、十二人を任命し、使徒と名付けられた。彼らを自分のそばに置くため、また、派遣して宣教させ、悪霊を追い出す権能を持たせるためであった。こうして十二人を任命された。シモンにはペトロという名を付けられた。ゼベダイの子ヤコブとヤコブの兄弟ヨハネ、この二人にはボアネルゲス、すなわち、「雷の子ら」という名を付けられた。アンデレ、フィリポ、バルトロマイ、マタイ、トマス、アルファイの子ヤコブ、タダイ、熱心党のシモン、それに、イスカリオテのユダ。このユダがイエスを裏切ったのである。

（マルコによる福音書第３章13～19節）

主イエスは、使徒と呼ばれる12人の弟子をお立てになりました。これは、弟子の中からよい人間を選んだら、たまたま12人になった、ということではありません。主は初めから12人を選ぶおつもりでした。この12というのは、神の民であるイスラエルの部族の数です。つまり主イエスはここで、ご自分の弟子たちを、イスラエルに代わる、あたらしい神の民としてお立てになったのです。神の民を立てることができるのは、神のみです。主イエスはここで、神として行動しておられるのです。

この人たちが選ばれたのは、第一にご自分のそばに置くため、そして派遣して宣教させ、悪霊を追い出す権能を持たせるためです。ご自分のそばに置くのは、主イエスがなさることと、語られる言葉を、つぶさに見、また聴くためです。そのようにして、主イエスこそ神の子でいますことを、証言する者となるためです。そして主イエスに遣わされて、主イエスの業をするためです。教会は、主イエスによって立てられた神の民です。そしてわたしたちひとりひとりは、小さなキリストとなって、この地上で主イエスを証しし、神の国の福音を宣べ伝えて、人々を救いの中に招き入れるのです。

✝あなたこそキリスト

イエスは、フィリポ・カイサリア地方に行ったとき、弟子たちに、「人々は、人の子のことを何者だと言っているか」とお尋ねになった。弟子たちは言った。「『洗礼者ヨハネだ』と言う人も、『エリヤだ』と言う人もいます。ほかに、『エレミヤだ』とか、『預言者の一人だ』と言う人もいます。」イエスが言われた。「それでは、あなたがたはわ

たしを何者だと言うのか。」シモン・ペトロが、「あなたはメシア、生ける神の子です」と答えた。すると、イエスはお答えになった。「シモン・バルヨナ、あなたは幸いだ。あなたにこのことを現したのは、人間ではなく、わたしの天の父なのだ。わたしも言っておく。あなたはペトロ。わたしはこの岩の上にわたしの教会を建てる。陰府の力もこれに対抗できない。わたしはあなたに天の国の鍵を授ける。あなたが地上でつなぐことは、天上でもつながれる。あなたが地上で解くことは、天上でも解かれる。」それから、イエスは、御自分がメシアであることをだれにも話さないように、と弟子たちに命じられた。

（マタイによる福音書第16章13～20節）

この出来事は、主イエスの救い主としてのご生涯にとって、ひとつの転換点となる出来事です。弟子たちの「あなたはメシア、生ける神の子です」という告白をお聞きになって、主イエスはガリラヤでの伝道を終え、十字架の死と復活の出来事が待っているエルサレムへと向かわれます。ガリラヤでの伝道のひとつの目的は、弟子たちをこの告白に導くためであったと言うことができます。

ここで主は、初めに、人々がご自分のことを何と言っているか、とお聞きになりました。今でもそうですが、人々は主イエスについて、いろいろなことを言います。世界の四大聖人のひとりであるとか、宗教的な天才であるとか、深い知恵を語った偉人であるとか、いろいろです。でも問題なのは、人々が何を言っているかではありません。

それで主イエスは次に「あなたがたはわたしを何者だと言うのか」とお聞きになったの

です。ここでわたしたちは、自分の答えを求められるのです。そしてこの答えは、自分で出さなければなりません。

ペトロが答えました。「あなたはメシア、生ける神の子です」と、恐らく主イエスと共に生活をしてきて、主の思いの高さ、愛の深さ、言葉の力強さに、人間ではとうてい持ち得ないものを感じ取っていたのでしょう。だから、こうお答えしたのです。わたしたちも、自分はどうして主イエスをメシア（救い主）と信じるのか。地上を生きられた神の子であると告白するのかを、明らかにしておく必要があります。

しかしながら、それは、今の時点で完全な理解と確信を持っていなければならない、ということではありません。「あなたはメシア、生ける神の子です」と告白した弟子たちも、それがどういう意味であるのかを、この時点では知りませんでした。ですからこれからの弟子たちの歩みは、主イエスがメシアであるとはどういうことか、神の子であるとはどういうことかを、身をもって体験する歩みであったのです。

わたしたちは、この時の弟子たちと違って、主イエスの十字架と復活の出来事を知っています。ですからより適切に「あなたはメシア、生ける神の子です」と告白できるのですが、それでもなお、自分の告白していることがどういうことかを、これから始まる信仰生活を通して、身をもって知るのです。信仰生活とは、ますます深く主イエスを知り、自分を知っていく旅なのです。

主イエスは、弟子のペトロの告白をとても喜んで、この岩の上にご自分の教会を建てる、とおっしゃいました。この岩とは、ペトロ個人のことではなく、ペトロがこの時、弟子たちを代表して告白した、この信仰告白のことです。

「主イエスこそメシア、生ける神の子」という告白の上に、わたしたちの教会は建っています。そして、この告白の上に建っている教会に対しては、死の力でさえ太刀打ちができないのです。

また、この教会には、天の国の鍵が授けられました。ですから、教会には、誰に洗礼を授けて、天の国に入れるか、ということを決める権限が与えられているのです。

皆さんが、試問会に出て、自らの信仰を告白し、その試問会のメンバーである役員たちが、受洗を認める決定をしたならば、それは、神さまがあなたがたを天の国に受け入れる、という決定をなさったのと同じことなのです。

十字架を負って従う

このときから、イエスは、御自分が必ずエルサレムに行って、長老、祭司長、律法学者たちから多くの苦しみを受けて殺され、三日目に復活することになっている、と弟子たちに打ち明け始められた。すると、ペトロはイエスをわきへお連れして、いさめ始めた。「主よ、とんでもないことです。そんなことがあってはなりません。」イエスは振り向いてペトロに言われた。「サタン、引き下がれ。あなたはわたしの邪魔をする者。神のことを思わず、人間のことを思っている。」それから、弟子たちに言われた。「わたしについて来たい者は、自分を捨て、自分の十字架を背負って、わたしに従いなさい。自分の命を救いたいと思う者は、それを失うが、わたしのために命を失う者は、

それを得る。人は、たとえ全世界を手に入れても、自分の命を失ったら、何の得があろうか。自分の命を買い戻すのに、どんな代価を支払えようか。人の子は、父の栄光に輝いて天使たちと共に来るが、そのとき、それぞれの行いに応じて報いるのである。
（マタイによる福音書第16章21～27節）

これは、先ほどのペトロの告白に次いで起こった出来事です。主イエスがご自分の十字架の死と復活を予告なさった時に、弟子のペトロが思わず主イエスをわきへ呼んで、いさめたのです。そんなことがあってはならない、と思ったのでしょう。しかしペトロはかえって主イエスから厳しく叱責されてしまいました。ペトロのしていることが、弟子としての領分をわきまえないことであったからです。

わたしたちは、主イエスに自分の思いを押しつけてはなりません。主イエスの思いに、わたしたちが従うべきです。主イエスが「主」である、ということは、わたしたちは「僕」すなわち奴隷である、ということです。自分の思いを押し通して生きてきたときには、わたしたちは自分の欲望の奴隷でした。主イエスの僕になることによって、わたしたちは自分の欲望の奴隷から解放されるのです。主イエスに従うということと、罪から救われるということは、同じことなのです。

その時主イエスは、「自分を捨て、自分の十字架を背負って、わたしに従いなさい」と言われました。これはわたしたちキリスト者が主イエスに従う時の基本です。わたしたちは、十字架を負うことなしに、キリストに従うことはできません。このことは、わたしたちにいくつかのことを、教えています。

《十字架は、自分を殺すもの》

十字架を負う、ということは、何かつらい経験をすることのように考えますが、もともとの意味は、そういうものではありません。十字架は、その上で自分を磔にして殺すものです。十字架を負う、とは、自分を殺すことを意味します。自分を捨てないで、主イエスに従うことはできませんから、何も特別なことをしなくても、主イエスに従って生きることが、すでに十字架を負うことなのです。

《十字架は、愛の重荷》

主イエスが十字架を負われたのは、わたしたちを愛して、救ってくださるためです。その愛によって救われたわたしたちは、主に従って、それぞれに愛の労苦を負うのです。十字架は、単に苦しいことやつらいことではありません。それは神を愛し、人を愛して負う重荷です。家庭や職場において、家族や他の人を愛するために負う重荷も、あるいは教会において、神と兄弟姉妹に仕えて負う重荷も、主がわたしに与えてくださったものとして負う時に、それは、十字架になるのです。

《十字架は、主と共に負うもの》

わたしたちが、そのように十字架を負う時に、主が同じ愛の十字架を負って、わたしたちの前を歩いておられるのです。十字架を負う人は、孤独になることはありません。わたしたちが負う十字架は、主イエスが負っておられる十字架の一端を担わせていただくものだからです。十字架を負うことにおいて、わたしたちは主イエスと共にいるのです。主と共に負う十字架だから、わたしたちの魂に休みが与えられるのです。次のように書いてある通りです。

疲れた者、重荷を負う者は、だれでもわたしのもとに来なさい。休ませてあげよう。わたしは柔和で謙遜な者だから、わたしの軛を負い、わたしに学びなさい。そうすれば、あなたがたは安らぎを得られる。わたしの軛は負いやすく、わたしの荷は軽いからである。」

（マタイによる福音書第11章28～30節）

《主が報いてくださる》

最後に、わたしたちが十字架を負って主に従った時に、必ず主がそれに報いてくださいます。わたしたちが人知れず負った十字架に、他の誰も気づくことがなくても、主はきちんと見ていてくださいます。そしてそれに、報いてくださるのです。使徒パウロが次のように言っている通りです。

ですから、主が来られるまでは、先走って何も裁いてはいけません。主は闇の中に隠されている秘密を明るみに出し、人の心の企てをも明らかにされます。そのとき、おのおのは神からおほめにあずかります。

（コリント信徒への手紙Ⅰ 第4章5節）

†神を父と呼ぶ幸い

主イエスが弟子たちに繰り返し教えてくださったことは、神が父でいます、ということです。そのことを示すものが、主の祈りです。主がこの祈りを教えてくださった時の言葉を、マタイは次のように記しています。

祈るときにも、あなたがたは偽善者のようであってはならない。……あなたが祈るときは、奥まった自分の部屋に入って戸を閉め、隠れたところにおられるあなたの父に祈りなさい。そうすれば、隠れたことを見ておられるあなたの父が報いてくださる。また、あなたがたが祈るときは、異邦人のようにくどくどと述べてはならない。……あなたがたの父は、願う前から、あなたがたに必要なものをご存じなのだ。だから、こう祈りなさい。「天におられるわたしたちの父よ……。」

（マタイによる福音書第6章5～9節）

主の祈りの言葉の中で、他の誰も教えることができなかった言葉があると言われています。他の祈りの言葉は、多くのラビ（先生）も教えたけれども、これだけは教えられなかった言葉、それは「天におられるわたしたちの父よ」という言葉です。なぜ教えられないかというと、こんなふうに神をお呼びしてよいかどうか、わからなかったからです。

わたしたちが、神に向かって「天の父よ」と呼びかけるためには、まず神がわたしたちに向かって「わたしを父と呼べ。父と呼んでいいのだ」ということを、語ってくださらなければなりません。その言葉を聞かない限り、確信をもって、「天の父よ」と呼びかけることはできないからです。そして、主イエスだけが、その言葉を伝えることがおできになりました。主は神のひとり子として、最も深い神の御心を、知ることがおできになったからです。

同時にその主イエスは、わたしたちが神を父と呼ぶことができるように、十字架の上でご自分を犠牲にしてくださったのです。主は単に神が父でいますことを、教えてくださっただけではなくて、神が父でいますという事実を、わたしたちにとって現実のものとしてくださったのです。

神を父と呼ぶことは、もともとは主イエスのなさっていたことです。本来の神の子は、主イエスおひとりであるからです。その主イエスが、わたしたちにも、神を父と呼んでよいのだ、と教えてくださったことは、わたしたちを、主イエスご自身と同じ所に呼んでくださったことです。わたしの側に来なさい。そしてわたしがしているように、神を父と呼んでご覧、とおっしゃったのです。神を父と呼ぶことによって、わたしたちは主イエスと同じものに、すなわち、神の子になるのです。主の祈りは、神の子の祈りだからです。

そのような主イエスの言葉と業に支えられて、わたしたちは喜びと確信をもって、「天の父よ」と呼びかけることができます。主イエスの神であり父でいます全能の神がこのわたしの神、わたしの天の父でいますことを信じ、喜ぶことができるのです。それは、わたしたち信仰者の最も大きな幸いであり、誇りです。

⒆　十字架の死

しかしながら、わたしたちがそのような幸いの中で生きることができるために、主イエスが経験しなければならないことがありました。それが十字架の死です。

主イエスの地上のご生涯の最後は、十字架の死と復活です。この出来事は、歴史的な事実ですが、単に歴史的な事実であるだけではなく、わたしたちの救いにとって、決定的な意味を持つ出来事です。

十字架は、犯罪人を処刑するものです。主イエスが十字架で死なれた、ということは、犯罪者として処刑された、ということです。

罪のない者が、処刑されるということは、あってはならないことです。そのあってはならない出来事が、事実起こったのです。そこには、ふたつの面があります。ひとつは、わたしたち人間の罪が、主イエスを十字架につけて殺した、ということです。もうひとつは、主イエスは、わたしたち人間の罪の赦しのために、自ら死なれた、ということです。

✝主イエスの十字架は、人間の罪が引き起こした

ひとつには、人間の罪が主イエスを十字架につけて殺したのです。このことが、どのようにして起こったかについて、福音書は詳しく書き記しています。その中では、主イエスを妬んだユダヤ人の指導者たちや、主イエスを裏切ったイスカリオテのユダ、また主イエスを見捨てて逃げた他の弟子たち、指導者たちに扇動されて「十字架につけろ」と叫んだ群衆、そして、主イエスが無罪であることを知りながら民衆を恐れて死刑の判決を下したローマ総督ピラトなど、ひとりひとりの罪が重なって、この出来事を引き起こしたことが明白になっています。

もともと、主イエスの十字架ということの出来事は、闇から闇に葬られるべき出来事でした。こんなことが、福音書に書かれて、二千年に渡って、人々の目に触れることなど、この当時の人々は考えてもいなかったのです。主イエスが死んでしまえば、すべてのことは闇から闇に消えてしまって、少し経てば誰もこんな出来事など覚えていない、ということになる筈だったのです。しかし、主イエスの復活というような、考えてもいなかった出来事が起こったために、闇に消える筈だったこ

とが、みんな明るみに出されてしまったのです。そこで、わたしたち人間が、人間本来の姿から、どれほど遠くなってしまっているか、ということが、明らかになっているのです。そこに見られる人間の問題の中心にあるものを、はっきりと示しているのが、十字架に掲げられていた主イエスの罪状書きです。そこには「ユダヤ人の王」と書いてありました。主は、ユダヤ人の王であるが故に、殺されたのです。

それから、総督の兵士たちは、イエスを総督官邸に連れて行き、部隊の全員をイエスの周りに集めた。そして、イエスの着ている物をはぎ取り、赤い外套を着せ、茨で冠を編んで頭に載せ、また、右手に葦の棒を持たせて、その前にひざまずき、「ユダヤ人の王、万歳」と言って、侮辱した。また、唾を吐きかけ、葦の棒を取り上げて頭をたたき続けた。このようにイエスを侮辱したあげく、外套を脱がせて元の服を着せ、十字架につけるために引いて行った。……彼らはイエスを十字架につけると、くじを引いてその服を分け合い、そこに座って見張りをしていた。イエスの頭の上には、「これはユダヤ人の王イエスである」と書いた罪状書きを掲げた。……そこを通りかかった人々は、頭を振りながらイエスをののしって、言った。「神殿を打ち倒し、三日で建てる者、神の子なら、自分を救ってみろ。そして十字架から降りて来い。」同じように、祭司長たちも律法学者たちや長老たちと一緒に、イエスを侮辱して言った。「他人は救ったのに、自分は救えない。イスラエルの王だ。今すぐ十字架から降りるがいい。そうすれば、信じてやろう。神に頼っているが、

神の御心ならば、今すぐ救ってもらえ。『わたしは神の子だ』と言っていたのだから。」一緒に十字架につけられた強盗たちも、同じようにイエスをののしった。
（マタイによる福音書第27章27～44節）

十字架の上で、主イエスは単に殺されたのではなくて、ののしられ、嘲られて、殺されたのです。このののしりと嘲りの中に、人々の正直な思いが表れています。それは、「ユダヤ人の王」「イスラエルの王」「神の子」に対する反感です。

ローマの兵士たちは、主がユダヤ人の王であるが故に、主を侮辱したのでした。ユダヤ人たちは、主がユダヤ人の王、イスラエルの王、神の子、救い主であるが故に、主を嘲ったのです。その神の子、ユダヤ人の王が、自分をも救えずに、情けない姿を十字架の上にさらしていたからです。主イエスは、神の子、ユダヤ人の王であったのに殺されたのではありません。神の子、ユダヤ人の王であられたから、殺されたのです。

もちろん、ここでの彼らの嘲りが、的はずれなものであることを、わたしたちは知っています。主イエスは、神の子なのに、十字架から降りられなかったのではないのです。神の子だから、十字架の上にとどまっていられたのです。神の子の全能は、十字架から降りて自分を救うことにではなく、わたしたちの救いのために、十字架の上にとどまってくださったことの中にこそ、明らかにされているからです。

しかしながら、その主イエスが、神の子、ユダヤ人の王であるが故に主を嘲り、殺した人間の姿は、神を押しのけて、自分が神になろうとしたアダムとエバの姿と重なるものです。エデンの園で明らかになった人間の問題は、今でも変わらずに、わたしたち人間の問題であり続けています。そのことが、主イエスの十字架において、隠しようがないほど、明らかになっているのです。

ここで「神の子なら、自分を救ってみろ」と叫ぶ人々の言葉の中に、荒野で主イエスを誘惑した悪魔の声が響いています。「もしあなたが神の子なら」と悪魔は言いました。そして救い主になるための手っ取り早い方法を提案したのです。でもそこで悪魔が示した方法は、人間を信じるものではなく、おとしめるものでした。そして主イエスはそれらをすべて拒否されました。主は人間をおとしめる道ではなく、信じる道をお選びになったのです。

その主イエスが、十字架の上においても、自分を嘲り、ののしる人々を信じておられたとしても、不思議なことではありません。そして事実、主は十字架の上で、ご自分を殺そうとしている人々を、信じておられました。今のこの人たちの姿は、この人たちの本当の姿ではない、と思っておられたのです。ルカによる福音書は、この時主イエスが十字架の上で祈られた、祈りの言葉を書き記しています。

そのとき、イエスは言われた。「父よ、彼らをお赦しください。自分が何をしているのか知らないのです。」

（ルカによる福音書第23章34節）

十字架は、人間の罪が引き起こした出来事です。そしてその出来事は、これを引き起こした人間の罪を、残すところなく明らかにしました。それだけではなく、そのような人間をなお愛し、信じ抜かれる、神の子の姿をも、明らかにしたのです。そしてわたしたち人間の本来の姿は、主イエスを嘲っている人たちの中にではなく、彼らを愛し、信じてくださった主イエスの中にあるのです。主イエスこそ、真の人であられたのです。

†主イエスの十字架は、神が人間を罪から救うために起こされた

しかしながら聖書は、もうひとつの、驚くべき事実を明らかにしています。人間が一致団結して神の子を十字架で殺したこの出来事は、人間を罪から救い出すために神ご自身が起こされた出来事だった、ということです。

フィリポ・カイサリアでのペトロの信仰告白の出来事の後に、主イエスは次のような言葉で、ご自分の死を弟子たちに予告されました。

このときから、イエスは、御自分が必ずエルサレムに行って、長老、祭司長、律法学者たちから多くの苦しみを受けて殺され、三日目に復活することになっている、と弟子たちに打ち明け始められた。

（マタイによる福音書第16章21節）

実は主イエスはこの後も2度、同じ内容の予告を弟子たちにしておられます。この予告の中で大切なことは、「．．．．ことになっている」と主が言われたことです。これは、そういうことがあり得る、ということではなくて、必ずそうなる、ということです。さらにそれは、そうなる可能性が100％に近い、という意味ではなく、それが定められた道であって他の道はないのだ、ということです。このような主イエスの言葉は、この時だけのものではなく、過越の食事の席でも、またゲツセマネ

でユダヤ人たちに捕らえられた時にも、主は同じ意味のことを語っておられます。

人の子は、聖書に書いてあるとおりに、去って行く。だが、人の子を裏切るその者は不幸だ。生まれなかった方が、その者のためによかった。」

（マタイによる福音書第26章24節）

そこで、イエスは言われた。「剣をさやに納めなさい。剣を取る者は皆、剣で滅びる。わたしが父にお願いできないとでも思うのか。お願いすれば、父は十二軍団以上の天使を今すぐ送ってくださるであろう。しかしそれでは、必ずこうなると書かれている聖書の言葉がどうして実現されよう。」

（マタイによる福音書第26章52～54節）

このように主イエスは、ご自分の死を、神がお定めになった道である、と語っておられるのですが、いったい、どうして神は主イエスが死ぬことをお定めになったか、主イエスの死には、どのような意味があるか、ということについては、主イエスは次のように語っておられます。

あなたがたの中で偉くなりたい者は、皆に仕える者になり、いちばん上になりたい者は、皆の僕になりなさい。人の子が、仕えられるためではなく仕えるために、また、多くの人の身代金として自分の命を献げるために来たのと同じように。」

（マタイによる福音書第20章26～28節）

ここで主イエスが言われる身代金とは、わたしたちが神を押しのけて自分が神になって生きてきたために、神に対して犯し続けてきた罪の代価、という意味です。日本では、罪は水に流せば消えるもの、という考えがありますが、聖書ではそうではありません。聖書では、罪は負債です。負債とは借金のことです。借金は水に流せません。借りた人が返すか、あるいは借りた人に代わって誰かが払うか、それとも貸した人間がその損失を引き受けるか、どちらかです。

　そしてこの負債が返されない限り、わたしたちと神との関係は回復されません。わたしたちが神を「天の父よ」とお呼びすることはできないのです。そしてこの代償を、神は、ご自分のひとり子である主イエスが、ご自分の命をもって支払うことをお決めになったのです。だから主イエスは「多くの苦しみを受けて殺される……ことになっている」と言われたのです。

　しかしながらこのことは、主イエスが、わたしたち人間の罪を全部その身に負い、史上最悪の罪人となって、神の審きをお受けになることです。このことは、神との深い交わりの中で生きてこられた主イエスにとって、本当に大きな悲しみであり、痛みでありました。

　それから、イエスは弟子たちと一緒にゲツセマネという所に来て、「わたしが向こうへ行って祈っている間、ここに座っていなさい」と言われた。ペトロおよびゼベダイの子二人を伴われたが、そのとき、悲しみもだえ始められた。そして、彼らに言われた。「わたしは死ぬばかりに悲しい。ここを離れず、わたしと共に目を覚ましていなさい。」少し進んで行って、うつ伏せになり、祈って言われた。「父よ、できることなら、この杯をわたしから過ぎ去らせてください。し

かし、わたしの願いどおりではなく、御心のままに。」

（マタイによる福音書第26章36〜39節）

さて、昼の十二時に、全地は暗くなり、それが三時まで続いた。三時ごろ、イエスは大声で叫ばれた。「エリ、エリ、レマ、サバクタニ。」これは、「わが神、わが神、なぜわたしをお見捨てになったのですか」という意味である。

（マタイによる福音書第27章45〜46節）

主イエスは、十字架の上で「なぜわたしをお見捨てになったのですか」と叫ばれました。これはこの時、主イエスが、十字架の上で神に見捨てられるという厳しい経験をなさったことを示しています。この経験は、主イエスがわたしたちの身代わりとなってなさったものです。本当はわたしたちが、「なぜわたしをお見捨てになったのですか」と叫ばなければならないのです。でも、そのわたしたちの叫びを、主イエスが代わって叫んでくださいました。それによってわたしたちは、こう叫ぶことから救われているのです。

このことについて、パウロは次のように語っています。

キリストは、わたしたちのために呪いとなって、わたしたちを律法の呪いから贖い出してくださいました。「木にかけられた者は皆呪われている」と書いてあるからです。それは、アブラハムに与えられた祝福が、キリスト・イエスにおいて異邦人に及ぶためであり、また、わたしたちが、約束された〝霊〟を信仰によって受けるためでした。

（ガラテヤの信徒への手紙第3章13〜14節）

十字架にかけられて死ぬ、ということは、普通に死ぬということではありません。それは、神に呪われて死ぬ、ということです。わたしたちのすべての罪を身に負われた主イエスは、それ故に神の呪いをその身に受ける者となられました。すべての呪いを引き受けられて、呪いそのものとなられたのです。そして十字架の上で、呪われた者の死を、死んでくださいました。そのようにして、わたしたちを、呪いから解放してくださったのです。

✝神に対する従順を貫かれた主イエス

この主イエスの十字架が意味している、もうひとつのことがあります。主イエスは、神さまの御心に従って、わたしたちの罪をその身に負われ、ご自身、最悪の罪人となられて、十字架の上で神の審きをお受けになったのでした。

しかしながらこのことは、同時に、主イエスが、完全に神の御心に従順に従われたことを意味しています。つまり主イエスは、最悪の罪人となられましたが、そのことを通して、神に対する完全な従順を示されたのです。そして、このように、御心に従順に従って死んだ者を、神は決して死の中に放置することをなさらない、ということを確信しておられました。

主イエスが、弟子たちに対して、ご自分の死を予告されると同時に、復活をも予告されたのは、このためです。そしてその予告の通りに、主イエスは三日目に復活されました。主イエスは、十字架で死なれたのに、復活されたた、のではありません。十字架で死なれたから、復活されたのです。復活は、十字架の死の、当然の帰結なのです。

使徒パウロは次のように語っています。

キリストは、神の身分でありながら、神と等しい者であることに固執しようとは思わず、かえって自分を無にして、僕の身分になり、人間と同じ者になられました。人間の姿で現れ、へりくだって、死に至るまで、それも十字架の死に至るまで従順でした。このため、神はキリストを高く上げ、あらゆる名にまさる名をお与えになりました。
（フィリピの信徒への手紙第２章６〜９節）

この主イエスの従順は、主がわたしたちに代わって示してくださったものです。つまり、わたしたちの罪を、主イエスの罪とみなして主を審かれた神は、主イエスの従順をわたしたちの従順とみなしてくださって、わたしたちをその故に復活の恵みにあずからせてくださるのです。このようにして、わたしたちの罪は主イエスのものとなり、主イエスの従順はわたしたちのものとなって、わたしたちは救いに入れられるのです。これが十字架の上で、主イエスがわたしたちのために成し遂げてくださったことです。

このことから、わたしたちは、主イエスが洗礼によってわたしたちに結びついてくださった、ということが、どれほど大きなことかを知るのです。主が洗礼によってわたしたちに結びついてくださったので、わたしたちも洗礼を受けて主イエスに結びつくものとなりました。それによって、主が十字架の上で成し遂げてくださったすべてのことが、このわたしたちのものとなるのです。まさしく「信じて洗礼を受ける者は救われる（マルコによる福音書第16章16節）」のです。

†神と人との仲保者主イエス

この時、わたしたちが救われるために主イエスが果たしてくださった役割を、仲保者という言葉で言い表すことができます。仲保者とは、ふたりの人の間に立って、その関係を取り持つ人のことです。その時、主イエスが真の神でいまし、真の人であられるということが、重要な意味を持つのです。

まず、わたしたちにとって、主イエスは真の神であられます。真の神として、主イエスはわたしたちの前に立たれるのです。ですからわたしたちが神を仰ぎ見るとき、そこに見えるのは主イエスです。わたしたちは神を直接見ることも知ることもできません。主イエスを通してのみ、わたしたちは神を見、また知るのです。

そこに見えてくる神のお姿は、わたしたちをご自身のものとして取り戻し、それを通して、わたしたちの中に本来の人間の姿を取り戻すために、最後までわたしたち人間を愛し抜き、信じ抜いてくださる、神のお姿です。

この神は、エデンの園で、木の間に隠れた人間を「どこにいるのか」と言って捜し求められた神であり、また大洪水の後で、人が心に思うことは幼い時から悪いということを知りながら、生き物をことごとく滅ぼすことは二度としない、と約束された神です。

また世界の民との間に「わたしはあなたの神、あなたはわたしの民」という関係を打ち立てるために、アブラハムを召し、イスラエルの民を起こし、ついにはひとり子主イエスをこの地上に遣わされた神です。

この神のお姿を示すために、主イエスは、自ら預言者イザヤが預言した主の僕となられて、わたしたちの罪をその身に負い、神の審きを身に受けて、わたしたちを罪に対する審きから、解放してくださったのです。これはわたしたちを愛する主イエスの愛から出たことであって、他の何を疑っても、この主イエスの愛を疑うことはできません。この主の愛によって、わたしたちは、神が愛でいますことを心から信じ、納得することができますし、それ故に、神を愛する愛に生きることができるようになるのです。

このようにして主イエスは、仲保者として、わたしたちに神を教え、わたしたちの中に神を愛する愛を造り出してくださって、わたしたちの心を神に結びつけてくださったのです。

もうひとつ、神ご自身にとって、主イエスは真の人であられます。主は人として、わたしたち人間の先頭に立ってくださるので、神が人をご覧になる時には、その代表として先頭に立っておられる主イエスをご覧になるのです。

主イエスは、神が人間に求められる従順を、完全な形で神に対して示されました。またこれまで人間が神に対して犯し続けてきた罪に対する審きを、十字架の上で受けてくださいました。

これらはすべて、主イエスがわたしたち人間を代表してなさったことなので、神はこれらの主イエスの業を、わたしたち人間が神に対してしたものと受け止めてくださり、わたしたちを神に対して従順な者、審きを受ける必要のないものと見なしてくださるのです。このようにして主イエスは、仲保者として、神がわたしたちを神の子として受け入れることができるようにしてくださったのです。

このように、主イエスは、真の神として、わたしたちが神を愛することができるようにしてくださり、真の人として、神がわたしたちを受け入れることができるようにしてくださいました。この主イエスの仲保者としての働きによって、神がわたしたちの神になってくださり、わたしたちが神のものとなるという幸いな関係が、わたしたちに与えられたのです。

⒇ 復活

十字架で死なれた主イエスは、三日目に墓を空にして復活されました。これは歴史的な事実です。しかしこれも単に歴史的な事実であるだけではなく、わたしたちの救いにとって、決定的な意味を持っている出来事です。

復活について第一に言っておかなければならないことは、これは主イエスの十字架の死と切り離せない、ということです。つまり、十字架の死に至るまで神に従順であられた主イエスを、死に支配されたままで放置なさるというようなことを、神さまがなさるはずはないのです。

だから主イエスの復活は、たまたま起こったとか、偶然そうなったとかいうものではなくて、神が生きておられる以上、当然起こるべくして起こったことなのです。使徒言行録に次のように書いてある通りです。

しかし、神はこのイエスを死の苦しみから解放して、復活させられました。イエスが死に支配されたままでおられるなどということは、ありえなかったからです。

（使徒言行録第2章24節）

このことからわたしたちは、主イエスがご自分の死を予告なさった時に、同時にご自分の復活をも予告されていたことの意味を知ることができるのです。

それは、主イエスの前に、既定のプログラムとして死と復活の筋書きが用意されていたということではなくて、神に従順に従って死ぬ者を、神が放置なさるはずはないという、神に対する主イエスの絶対的な信頼から生まれた言葉なのです。

このことは、天地創造の初めに、神が光を創造されたことと、深いつながりがあります。神はその時、この世界の根底に、光があるべきことを、お定めになったのです。そして闇がこの光を呑み込んでしまう、ということを、神は決してお許しになりません。主イエスは恵みと真理に満ちていたと、ヨハネによる福音書第1章14節に書かれています。その主イエスが十字架で殺されたということは、恵みと真理が、混沌の闇の中に呑み込まれてしまったということです。もしそのままで何も起こらなければ、この世は結局、混沌の闇が支配するところ、ということになってしまうでしょう。神はそれをお許しにならなかったのです。

主イエスの死において、神はもう一度「光あれ」と言われました。そしてその時、混沌の暗闇の中に、光が輝いたのです。このようにして、この世界の根底に光があるべきことをお定めになった神は、闇がこの光を呑み込んでしまうということを、決してお許しになりません。主イエスの復活は、そのことを示しているのです。

このことを、別な言い方で言い表している聖書の言葉があります。

天地は滅びるが、
わたしの言葉は決して滅びない。
（マタイによる福音書第24章35節）

愛は決して滅びない。

（コリント信徒への手紙Ⅰ第13章8節）

それゆえ、信仰と、希望と、愛、この三つは、いつまでも残る。その中で最も大いなるものは、愛である。

（コリント信徒への手紙Ⅰ第13章13節）

「主イエスの言葉は決して滅びない。」「愛は決して滅びない。」「信仰と希望と愛はいつまでも残る。」これらの言葉が言おうとしていることは、ひとつです。

光に属するものが、滅びることは決してない、ということです。ですから、わたしたちの生き方の中で、永遠の価値を持つものは、信じること、希望を持つこと、愛すること、この3つです。このことに心を注いで生きたならば、そのような人生が滅びることはありません。

何故なら、たといわたしたちが死んでも、神は必ず、そのようなわたしたちに向かって「光あれ」と言ってくださるからです。そして神がそのように言ってくださるとき、わたしたちも死者の中から復活するのです。使徒パウロが、エフェソの信徒への手紙の中で、次のように語っている通りです。

あなたがたは、以前には暗闇でしたが、今は主に結ばれて、光となっています。光の子として歩みなさい。――光から、あらゆる善意と正義と真実とが生じるのです。――何が主に喜ばれるかを吟味しなさい。……すべてのものは光にさらされて、明らかにされます。明らかにされるものはみな、光となるのです。それで、こう言われています。

「眠りについている者、起きよ。
死者の中から立ち上がれ。
そうすれば、キリストはあなたを照らされる。」
（エフェソの信徒への手紙第５章８〜14節）

救いの完成

復活された主イエスは、40日の間、弟子たちと共に過ごされ、天にお帰りになりました。

主は復活される前から、ご自分が全能の神の右に座し、天の雲に乗って来る、と語って、再び来られるとの約束をなさいました。わたしたちはこの主の約束を信じて、主の再臨を待ち望んでいます。

天にお帰りになった主イエスは、聖霊をこの地上に遣わしてくださいました。主の昇天から10日後、ペンテコステの日に、弟子たちの上に聖霊が降り、教会が誕生したのです。この聖霊について、主イエスは次のように語っておられます。

わたしは、あなたがたといたときに、これらのことを話した。しかし、弁護者、すなわち、父がわたしの名によってお遣わしになる聖霊が、あなたがたにすべてのことを教え、わたしが話したことをことごとく思い起こさせてくださる。

（ヨハネによる福音書第14章25～26節）

聖霊のお働きは、わたしたちに主イエスのみ言葉を思い起こさせることです。思い起こす、というのは、単に思い出すということではありません。思い起こした言葉は、その時本当にわかった言葉です。ペンテコステの日に起こった出来事は、次のようなことでした。

五旬祭の日が来て、一同が一つになって集まっていると、突然、激しい風が吹いて来るような音が天から聞こえ、彼らが座っていた家中に響いた。そして、炎のような舌が分かれ分かれに現れ、一人一人の上にとどまった。すると、一同は聖霊に満たされ、〝霊〟が語らせるままに、ほかの国々の言葉で話しだした。・・・・

人々は驚き怪しんで言った。「話をしているこの人たちは、皆ガリラヤの人ではないか。どうしてわたしたちは、めいめいが生まれた故郷の言葉を聞くのだろうか。わたしたちの中には、パルティア、メディア、エラム・・・クレタ、アラビアから来た者もいるのに、彼らがわたしたちの言葉で神の偉大な業を語っているのを聞こうとは。」人々は皆驚き、とまどい、「いったい、これはどういうことなのか」と互いに言った。

（使徒言行録第2章1～12節）

この時起こったことも、主イエスが語られた通りのことです。弟子たちは聖霊を受けて、それまで自分たちが主イエスの弟子として見聞きしたことを、すべて思い起こしたのです。そしてその意味が、全部わかったのです。

つまり、自分たちが見聞きしてきたことは、神が起こされた偉大な救いの業である、ということがわかったのです。そしてそれを他人に語らずにおれなくなった。だから通りすがりの人々に、それらの人々の言葉で、語り出したのです。このように聖霊は、主イエスの言葉を思い起こさせ、悟らせてくださるのです。

このことは、今でもわたしたちの現実です。わたしたちが説教を聴く時に、そこに聖霊が働いてくださり、説教の言葉を、主イエスの言葉として聞かせてくださるのです。あるいはひとりで聖書を読むときにも、聖霊が働いてくださって、それを神の言葉として聞くということが起こるのです。

主イエスの言葉を悟らせてくださる聖霊は、そのようにしてわたしたちを聖めてくださいます。主イエスの弟子、神の子としてふさわしい者へと、変えてくださるのです。パウロが次のように語っている通りです。

肉の業は明らかです。それは、姦淫、わいせつ、好色、偶像礼拝、魔術、敵意、争い、そねみ、怒り、利己心、不和、仲間争い、ねたみ、泥酔、酒宴、その他このたぐいのものです。以前言っておいたように、ここでも前もって言いますが、このようなことを行う者は、神の国を受け継ぐことはできません。

これに対して、霊の結ぶ実は愛であり、喜び、平和、寛容、親切、善意、誠実、柔和、節制です。これらを禁じる掟はありません。

（ガラテヤの信徒への手紙第5章19～23節）

このように、姦淫やわいせつ、好色、敵意、争い、利己心、ねたみなどに捕らわれて生きているわたしたちが、愛や喜び、平和、寛容、親切、善意の実を結ぶように働いてくださるのが、聖霊です。

わたしたちが神を礼拝し続け、み言葉を聴き続けている時に、わたしたちに聖霊が働いてくださって、このような実を結ばせてくださるのです。ですからわたしたちは、いつまでも今の自分でいるわけではありません。必ず神の子にふさわしい、あたらしい自分へと聖めていただけるのです。

世の終わりと新しい世界

救いが最終的に完成するのは、主イエスが再び来られるときです。それは世の終わりです。

今の世界は先生のいない教室のようです。教室から先生がいなくなると、生徒たちは、しばらくはおとなしくしていますが、次第に勝手に動き回るようになり、強い者を中心に、あちこちにグループができ、けんかをしたりするようになります。ルールは無視され、混乱が教室を支配するでしょう。でも先生が戻ってくれば、グループは解消し、みな席にもどって勉強を始めます。

それと同じで、今の世界はいろいろな国に分かれて、強い者が支配者となって弱い者を支配します。でも本当の支配者でいます主イエスがおいでになれば、それまでこの世を支配していた者は消え去り、世界は秩序と平和を取り戻します。それが世の終わりです。

その時には、人間の罪も死も滅ぼされます。そしてわたしたちが礼拝のたびごとに祈っているように、「御心が天に成るごとく地にも」成るのです。

この世界は、神が神として支配される世界になります。そこにおいて、人間は人間としての本来の姿を取り戻し、動物や自然界も本来の姿に戻ります。天地創造の時の平和な世界が、取り戻されるのです。

このときのことを、新約聖書の最後の文書、ヨハネの黙示録は、次のように預言しています。

わたしはまた、新しい天と新しい地を見た。最初の天と最初の地は去って行き、もはや海もなくなった。更にわたしは、聖なる都、新しいエルサレムが、夫のために着飾った花嫁のように用意を整えて、神のもとを離れ、天から下って来るのを見た。そのとき、わたしは玉座から語りかける大きな声を聞いた。「見よ、神の幕屋が人の間にあって、神が人と共に住み、人は神の民となる。神は自ら人と共にいて、その神となり、彼らの目の涙をことごとくぬぐい取ってくださる。もはや死はなく、もはや悲しみも嘆きも労苦もない。最初のものは過ぎ去ったからである。」

すると、玉座に座っておられる方が、「見よ、わたしは万物を新しくする」と言い、また、「書き記せ。これらの言葉は信頼でき、また真実である」と言われた。

（ヨハネの黙示録第21章1～5節）

ここではヨハネが見た幻として、終わりの時の出来事が描かれています。

最初の天と地は去って行きます。人間の罪によって汚されたこの地は過ぎ去り、新しい天と地が与えられます。そこには海はもうありません。この海は、わたしたちが親しんでいる青い海ではなくて、混沌の海、神に逆らう力が潜んでいる海です。神さまに従って生きたいと願うわたしたちにとって悩みであった、その海が消え去ります。

そしてそこに新しい都が与えられます。救われた者たちが住む都です。その都には、神さまの住まわれる幕屋がわたしたちの間にあり、神さまご自身がわたしたちと共に住んでくださいます。そして人は神の民となり、神がその神となってくださる。エレミヤが預言をした世界、聖書全体を通して神さまが願い通されたことが、そこで実現するのです。

◆世の終わりと新しい世界

エデンの園で罪を犯し、神さまに反抗してそのもとを離れ去った人間が、もう一度神の民として取り戻され、神さまがもう一度その神となってくださる。それが実現するのです。そのとき、もはや死はなく、悲しみも嘆きも労苦もありません。最初の世界が過ぎ去るからです。

　平塚市琵琶にある湘南基督教墓苑の中に、キリスト品川教会のお墓があります。その墓石に刻んであるのは、「見よ、わたしは万物を新たにする」※という言葉です。神さまがこの時宣言された言葉です。神さまが万物を新しくしてくださるその時を待ち望みつつ、そこに眠っている人たちが大勢います。わたしたちの信仰の先輩たちです。今しばらくこの地上で生きることを許されているわたしたちも、その時を待ち望みつつ、主イエスの弟子として、神の子のひとりして、この地上の生涯を生きて行くのです。

※口語訳聖書から、ヨハネの黙示録21章5節「見よ、わたしはすべてのものを新たにする」が刻まれている。

あとがき

この信仰の解説書は、今から15年前に、わたしが仕えていたキリスト品川教会の受洗者教育のために書いたものです。その意図は「はじめに」の部分に書いてある通りで、今読み返してみても、その通りだと思います。

どの教会でも、信仰に入ろうとする人に対する教育というのは行われています。品川教会でも受洗決心者講座という10回コースの講座が持たれて、そこで受洗希望者が身につけておくべきことが、項目別に取り上げられて教えられていました。その講座を担当しながら、もっと聖書全体が一貫したものとして理解できるように、系統的に筋の通った形で伝えられないものかと思い続けていました。それであるとき、意を決してこれを書き上げたものです。

これはたびたび経験することですが、こういうことは聖霊の導きと助けによることであって、だからこそ一気に書き上げることができたと思います。今同じものを書くようにと言われても、できるかどうか、確信がありません。

これを書いたときには、「聖書の読み方」とか「聖書の基本的メッセージ」というタイトルを考えていましたが、品川教会で用いるときには「わたしたちの信仰」というタイトルにしました。教会に新しく迎えようとする人たちに対して、わたしたちが信じていることは、こういうことです、と伝えるものだと考えたからです。

今回、公にするに当たって「聖書が教える世界とわたしたち」というタイトルにしました。一般の方々には、その方が伝わりやすいと思ったからです。信仰を持っている人なら誰でもわかることですが、信仰を持つ前は、信仰の世界というのは、この広い世界のごく一部だと考えていました。信仰を持たない大勢の人たちの中に、ごく少数の信仰を持つ人たちがいるという認識だったからです。でも信仰を持つようになると、その世界観が変わります。聖書が語る世界が真実の世界で、その中に信仰を持っている人と、そうでない人がいる、という認識になります。「聖書が教える世界とわたしたち」というタイトルは、そういう世界観を表しています。

これが公にされるようになったのは、わたしがキリスト品川教会の主任牧師を退任してから、たまたま一部の人にこれをメールで送って読んでいただく機会があり、その時に、これを公にしてはどうか、という話が出たことがきっかけです。

品川教会でもこれを知らなかったという人が多くいて、そういう人たちからも、出版を勧める声が上がりました。この本の編集をしてくださった杉田博さんもそのひとりです。ご自分から進み出て、編集の労を負ってくださいました。この場を借りてお礼を申し上げます。

この小さな本が、皆さまが聖書と聖書の信仰を理解する上で、少しでも助けになれば、これにまさる喜びはありません。

2022年11月
吉村和雄

●聖句索引

聖書が教える世界とわたしたち

2023年1月6日 初版発行
著者／吉村和雄

発行／GC伝道出版会
(Grace of Christ Publishing)
山梨市東1937-2 〒405-0002
TEL.0553- 22-8255

発売元／株式会社 キリスト新聞社
東京都新宿区新小川町9-1 〒162-0814
TEL.03-5579-2432
http://www.kirishin.com

編集・ブックデザイン・印刷／株式会社 鶴亀社中

ISBN978-4-87395-815-6 C0016（日キ販）